Johannes W. Rohen
Der Isenheimer Altar als Psychotherapeutikum

Johannes W. Rohen

Der Isenheimer Altar als Psychotherapeutikum

Mit 3 Tafeln im Anhang

Verlag Freies Geistesleben

Johannes W. Rohen, geb. 1921, hat von 1964 bis 1974 an der Universität Marburg/Lahn und von 1974 bis 1991 an der Universität Erlangen/Nürnberg als Anatom gelehrt. Er gilt als einer der Begründer der funktionellen Anatomie, was sich in zahlreichen Lehrbüchern (*Funktionelle Anatomie des Menschen, Funktionelle Anatomie des Nervensystems, Funktionelle Embryologie*) niedergeschlagen hat. Mit dem Isenheimer Altar beschäftigt er sich seit Jahrzehnten immer wieder. Im Verlag Freies Geistesleben sind von ihm bisher erschienen: *Morphologie des menschlichen Organismus, Die funktionale Struktur von Mensch und Gesellschaft, Eine funktionelle und spirituelle Anthropologie, Die Apokalypse des Novalis. Das Märchen von Eros und Fabel.*

2. Auflage 2016

Verlag Freies Geistesleben
Landhausstraße 82
70190 Stuttgart
www.geistesleben.com

ISBN 978-3-7725-1480-7

© 2008 Verlag Freies Geistesleben
& Urachhaus GmbH, Stuttgart
Gestaltung: Thomas Neuerer unter Verwendung eines Ausschnitts aus:
Die Versuchung des hl. Antonius
Alle Fotos vom Isenheimer Altar: Octave Zimmermann / Musée d'Unterlinden, Colmar
Gesamtherstellung: Gorenjski Tisk Storitve, Kranj
Printed in Slovenia

Inhalt

Vorwort 7

Bewusstseinsgeschichtlicher Hintergrund 11
    Der Anbruch der Renaissance 11
    Die Symbolsprache in Leonardo da Vincis Abendmahlbild 16

Der Isenheimer Altar und sein medizinisch-therapeutisches Konzept 23
    Die dreistufige Struktur des Altars 24
    Hinweise auf einen therapeutischen Sinnzusammenhang 25
    Antonius und der Antoniterorden 32
    Darstellungen des heiligen Antonius 37
    Guido Guersi, der Präzeptor des Antoniterklosters Isenheim 41
    Meister Mathis Gothart, gen. Nithart (Grünewald) 43
    Die Rosenkreuzer 46

Der Isenheimer Altar als psychotherapeutisches Kunstwerk 49
    Physiologische Grundlagen der Psychotherapie 49
    Die erste Altarstufe 53
    Die zweite Altarstufe 59
    Die dritte Altarstufe 85

Schlussbetrachtungen 101

Literatur 103

Vorwort

Über den Isenheimer Altar von Grünewald liegt inzwischen eine so umfangreiche Literatur vor, dass es einer Begründung bedarf, noch ein weiteres Buch dazu herauszubringen. Der Isenheimer Altar ist ein ungewöhnliches und in vieler Beziehung herausragendes Kunstwerk, was von allen Kunsthistorikern und Sachkennern einmütig bestätigt worden ist. Was jedoch bisher noch nicht gesehen bzw. nicht genügend untersucht worden ist, sind die medizinischen, genauer psychotherapeutischen Aspekte dieses Altarwerkes. Es handelt sich, wie man eigentlich schon auf den ersten Blick feststellen kann, keineswegs ausschließlich um ein religiöses, kirchengebundenes Kunstwerk, wie sie in der damaligen Zeit in großer Zahl geschaffen worden sind. Der Anblick des Altares sollte in erster Linie der Heilung der Kranken dienen, die sich den Mönchen des Antoniterordens anvertraut hatten und von ihnen in dem zum Kloster gehörigen Hospital gepflegt wurden.

Schon die Entstehung des Isenheimer Altars hatte wohl von vornherein medizinische Hintergründe. Man darf auch annehmen, dass die Mönche selbst, die durch die Behandlung der zum Teil schrecklich verstümmelten kranken Menschen ebenfalls gestresst und mitgenommen waren, sich in der Stille des Kirchenraumes vor dem Altar erholen und neue Kräfte für ihre harten Aufgaben sammeln sollten, sodass auch für sie die Altarbilder sicher eine therapeutische Bedeutung gehabt haben.

Eine Psychotherapie im heutigen Sinne gab es natürlich damals noch nicht. Erst Sigmund Freud, C.G. Jung u.a. haben zu Beginn des 20. Jahrhunderts die Grundlagen für dieses neue Fach der Medizin geschaffen. Es ist aber keine Frage, dass die Antonitermönche, die selbst teilweise auch ärztlich tätig waren, instinktiv und aus der geistesgeschichtlichen Tradition heraus viele Zusammenhänge im menschlichen Seelenleben kannten und medizinisch anzuwenden gelernt hatten. Die langjährigen Erfahrungen, auch mit Heilmittelwirkungen, die die Klosterbrüder durch Jahrzehnte hindurch gesammelt und weitergegeben haben, mögen eine

Grundlage für die Krankenbehandlungen abgegeben haben, die nicht nur auf Pflege und Medikamenten basierten, sondern eben auch das Kultische und Psychische mit einbezogen. Warum sollten sonst auf den Isenheimer Altarbildern so viele Darstellungen und Details – von den zur Behandlung des Antoniusfeuers verwendeten Heilpflanzen bis zu einem gedunsenen und verstümmelten Menschenleib – auf die am Antoniusfeuer Erkrankten, ihren Schutzheiligen Antonius und die Heilmethoden der Antoniter hinweisen und sie in einen Bezug zum Leidens- und Opferweg des Christus stellen?

Merkwürdigerweise sind die psychotherapeutischen Aspekte des Isenheimer Altarwerkes, obwohl sie doch durch viele für Altarbilder sonst ganz ungewöhnliche Details ins Auge springen, bisher noch nicht genauer untersucht worden. Gottfried Richter (1997) hat zwar in seinem sehr lesenswerten kleinen Buch auf die medizinische Bedeutung der Altarbilder hingewiesen, aber die psychotherapeutische Konzeption des Gesamtkunstwerkes nicht eingehender analysiert. Michael Schubert (2007) macht in seinem breiter angelegten Werk auch mit einigen Details auf diesen Aspekt aufmerksam, ohne ihn jedoch im Besonderen zu verfolgen.

Es ist keine Frage, dass Grünewald mit den Isenheimer Altarbildern ein einmaliges, geniales Kunstwerk geschaffen hat. Man wird aber dem Gesamtwerk nicht gerecht, wenn man nicht auch die psychotherapeutischen und damit zusammenhängend die spirituellen, um nicht zu sagen esoterischen Hintergründe dieses Werkes gebührend ins Auge fasst.

Vielleicht ist der erste Versuch in dieser Richtung, der mit dieser kleinen Buchpublikation unternommen worden ist, in vieler Hinsicht noch unvollkommen und ergänzungsbedürftig. Aber als eine erste Anregung, diese Aspekte überhaupt ins Auge zu fassen, mag er dem Interessierten für eigene Arbeiten hilfreich sein.

Die Bebilderung in diesem – bewusst im Umfang stark beschränkten – Buch dient nicht in erster Linie der Beschreibung der Altarbilder selbst. Hier kann auf das ausgezeichnet bebilderte Werk von M. Schubert verwiesen werden. Die im vorliegenden Zusammenhang wiedergegebenen Bilder bzw. Bildausschnitte sind lediglich zur Illustration der jeweiligen therapeutischen Aspekte ausgewählt worden. Um jedoch dem Leser einen Überblick über die drei Schauseiten des Altars selbst (hier wegen der psychotherapeutischen Aspekte «Altarstufen» genannt) zu ermöglichen, wurden diese im Anhang als drei herausnehmbare Tafeln dem Buch beigegeben. Der Leser kann die Tafeln dann beim Lesen neben das Buch legen, sodass er auch bei den Schilderungen der jeweiligen Details immer den Gesamtzusammenhang dieses Kunstwerkes vor Augen hat.

Mögen die kurzen Texte und die ausgewählten Abbildungen den Leser anregen, sich mit diesem einmaligen, großartigen Altarwerk aus dem Beginn des «Bewusstseinsseelen-Zeitalters» intensiver und tiefgehender zu beschäftigen.

J. W. Rohen *Erlangen, Ostern 2008*

Bewusstseinsgeschichtlicher Hintergrund

Der Anbruch der Renaissance

Der Isenheimer Altar wurde wahrscheinlich zwischen 1512 und 1516 von Grünewald geschaffen. Über Grünewald selbst wissen wir wenig. Seine Biographie bleibt weitgehend im Dunkeln.[1]

Man nimmt an, dass Grünewald in jungen Jahren nicht nur die Niederlande und Frankreich, sondern auch Norditalien bereist hat und dort mit den Impulsen der Renaissance in Berührung gekommen ist. Ob er das Abendmahlsbild von Leonardo, das im Wesentlichen in der Zeit zwischen 1495 und 1498 entstanden ist, gesehen hat, wissen wir nicht. Aber der Geist der Renaissance ist auch in seinen Isenheimer Altarbildern deutlich spürbar. Man kann den Isenheimer Altar nicht voll verstehen, wenn man den Zeitgeist nicht mit in die Betrachtung einbezieht.

Von der Mitte des 14. Jahrhunderts an vollzieht sich in der Menschheit ein gewaltiger Umbruch, dessen einschneidende, bewusstseinsverändernde Wandlungen nicht dramatisch genug vorgestellt werden können. Der mittelalterliche Mensch war ein durch und durch gläubiger, an die christlichen Glaubensinhalte hingegebener Mensch. Er empfand das Diesseits als Dunkel und den Menschen als ein von der Erbsünde belastetes, dem Verfall anheim gegebenes Wesen, das nur durch die Erlösungstat Christi Hoffnung auf ein besseres, glücklicheres und lichtvolleres Leben im Jenseits gewinnen könne. Um dies in ein Bild zu bringen, könnte man sagen, der mittelalterliche Mensch lag gewissermaßen immer gebeugt, vor Gott kniend und betend in der sehnsüchtigen Erwartung der Erlösung «aus dem Jammertal der Erde».

[1] Das Einzige, was wir sicher wissen, ist, dass er *nicht* Grünewald geheißen hat, sondern Mathias Gothardt, Nithardt oder Neithard. Wir wollen aber hier – wie in der Literatur auch – der Einfachheit halber den Namen Grünewald beibehalten.

Diese Jahrhunderte lange Dunkelheit fällt nun in der Renaissance – man möchte sagen – fast schlagartig von der Menschheit ab. Der Sprung in eine neue Geistigkeit führt – bildlich gesprochen – zu einer neuen Aufrichtung von Körper und Geist. Die Menschen begannen jetzt, sich als individuelle Persönlichkeiten der Welt, aber auch den Mitmenschen gegenüberzustellen. Ein neues Persönlichkeitserleben, ein neues Ich-Gefühl trat auf, das sich rasch in der abendländischen Menschheit ausgebreitet und in wenigen Jahrzehnten zu einer dramatischen Umstrukturierung, auch der gesellschaftlichen Ordnungen, geführt hat. Es entstanden die Stadtstaaten (Florenz, Mailand, Venedig, Nürnberg usw.) mit ihrem politischen und geistigen Eigenleben. Mit dem aufblühenden Handel und dem neu gewonnenen Reichtum erwachte in den Menschen auch vermehrt Sinnlichkeit und Freude am irdischen Leben, das nicht mehr als sündhaft erlebt wurde. Das «Jammertal» Erde und die «Erbsünde» wurden mehr und mehr vergessen. Die Kirchen wurden leerer. Man wollte das Leben als solches genießen. Aber das neu erwachte Ich-Gefühl wollte jetzt auch die Welt als solche begreifen und sie in der Folge dieses neu errungenen Bewusstseins auch beherrschen.

Es begann das Zeitalter der großen Entdeckungen. Kolumbus segelte nach Westen und entdeckte Mittelamerika, Magellan hat als Erster den Globus umschifft. Kopernikus kreierte ein neues, jetzt heliozentrisches Weltbild, und Gutenberg hat durch seine neuen Drucktechniken mit beweglichen Lettern der Menschheit die bisher in den Klöstern verborgen gehaltene religiöse, aber auch die allgemeine profane Literatur erschlossen. Wenn die Thesen Luthers nicht rasch hätten gedruckt und, ebenso wie die Bibelübersetzung, in Umlauf gebracht werden können, wäre die Reformation wahrscheinlich ganz anders verlaufen.

Grünewald hat die Schriften Luthers gekannt und war den «revolutionären» Ideen der Reformatoren gegenüber aufgeschlossen. Man hat in seinem Nachlass die Luther-Schriften gefunden. Als Hofmaler des Erzbischofs von Mainz musste er jedoch diese (damals noch verbotenen und verketzerten) Schriften verbergen und die neuen Ideen in seiner Seele verschließen.

Rudolf Steiner hat in seiner *Theosophie* (1904, GA 9) die neuen Kräfte, die damals in der Seele der Menschen so dramatisch zum Ausbruch gekommen sind, als Kräfte der «Bewusstseinsseele» bezeichnet. In der ägyptisch-babylonischen Kulturperiode lebten die Menschen noch ganz in der «Empfindungsseele», das heißt, die von den Sinneseindrücken hervorgerufenen seelischen Empfindungen bestimmten Erleben und Handeln der noch ganz in die Gemeinschaft eingebetteten Menschen (F. Teichmann, 2003). Ein Erleben der individuellen Freiheit war beim «Volk» noch nicht vorhanden. Erst in der römisch-griechischen Kulturperiode entwickelte sich allmählich ein Gefühl für die Individualität als solche. Durch die römischen Gesetze wurde die Freiheit der Individualität zum ersten Mal voll umfänglich garantiert. Die Römer haben das Rechtsdenken in die Welt gebracht und damit der menschlichen Individualität erstmalig einen Lebensraum innerhalb der Gesellschaft verschafft. Rudolf Steiner hat diese, jetzt neu in der abendländischen Geschichte aufgetretenen Fähigkeiten unter dem Begriff der «Verstandes- und Gemütsseele» zusammengefasst (F. Teichmann, 2007).

Die in der Zeit der Renaissance aufbrechenden Seelenkräfte, die Steiner als «Bewusstseinsseele» bezeichnet hat, gehören aber noch einer höheren Stufe an. Dieser Teil des menschlichen Seelenwesens ist sozusagen der Kern der Seele selbst. Der Mensch kann sich durch diese Kräfte die Wahrheiten der Welt selbst zum Bewusstsein bringen. Es geht nicht mehr nur um das persönliche Erleben, d.h. um die durch die Sinne hervorgerufenen Empfindungen, sondern um die objektiven Wahrheiten als solche. Indem der Mensch sich als Individualität, als «*Ich*» erlebt, kann er sich (aufrecht stehend und selbstbewusst) der Welt gegenüberstellen und jetzt – erstmalig in der Geschichte – die Weltgesetze und die Natur frei und unabhängig von Tradition und Religion erforschen, mit anderen Worten, der Mensch beginnt, sich erstmalig die spirituellen Gesetze, die dem Weltgeschehen zugrunde liegen, eigenständig bewusst zu machen.

Im 15. Jahrhundert begann der Mensch auch die Welt als Kugel (Globus), d.h. als Teil des kosmischen Weltganzen, zu begreifen. Um 1400 waren nur etwa 11% der Erdoberfläche bekannt, um 1500 etwa 22% und um 1600 bereits 49%. Um 1492 konstruierte Martin Behaim den ersten Erdglobus, und 1521 hat Magellan (Magalhães) mit seiner Weltumsegelung, auch wenn ihn diese das Leben kostete, bewiesen, dass die Erde tatsächlich eine Kugel ist. Schließlich ist sogar der menschliche Körper selbst Objekt des Forschungsdranges der Menschen geworden. Dies war für die damalige Zeit eine Ungeheuerlichkeit. Vielen Zeitgenossen war es anfangs völlig unfasslich, dass man in die «Heiligkeit» dieses Raumes («ehrfurchtslos») mit Messer und Pinzette einfach eindringen konnte (was Leonardo da Vinci noch heimlich im Dunkel der Kellerräume des Vatikans praktiziert hatte). Die Publikationen des ersten (neuzeitlich denkenden) Anatomen, Andreas Vesalius (1514–1564) blieben daher auch viele Jahre heftig umstritten. Auch die sog. Entdeckung des Blutkreislaufes (1628) durch den Engländer William Harvey wurde fast zwei Jahrzehnte lang von der wissenschaftlichen Welt seiner Zeit nicht akzeptiert. Interessanterweise hat Harvey nie Versuche oder Präparationen an der Leiche vorgenommen. Er postulierte nur eine neue Idee, nämlich die Idee des Kreislaufs als ein mechanisches System im Körper, wobei das Herz als Pumpe und das Blut als begrenzt zirkulierende Volumeneinheit fungierten. Es wurde dann aber zunehmend vergessen, dass das zirkulierende Blut mit dem pulsierenden Herzen in der Mitte des Kreislaufs zugleich auch das Zentrum unseres seelischen Erlebens, unserer Empfindungen und Willensimpulse ist. An diesem Beispiel kann man besonders eindrucksvoll den Übergang von der reinen Empfindungsseele in die («moderne») Bewusstseinsseele erkennen.

Auch in der Kunst wurde dieser Übergang erkennbar. Im Kunstschaffen der Menschen vollzog sich in der Renaissance, d.h. mit Beginn der Neuzeit, ein dramatischer Umbruch. In der Renaissance wurde nicht nur die Antike wiederbelebt («wiedergeboren»), sondern auch ein ganz neues Persönlichkeitserleben im Kunstschaffen zum Ausdruck gebracht. Der Goldgrund der Bilder verschwand, die dargestellten Personen bekamen mehr und mehr einen individuellen Ausdruck. Die Gemälde der großen Renaissance-Maler (Verocchio, Raffael, Michelangelo, Leonardo da Vinci u.a.) können dem Betrachter noch heute (hautnah) die Persönlichkeit des dargestellten Menschen ins Bewusstsein rufen. Man erlebte im Bild die jeweilige Individualität mit all ihren Fähigkeiten und Schwächen – d.h. eine (Ich-bewusste und Ich-besitzende) Persönlichkeit, wie der Betrachter diese auch an sich selbst zu erleben begann.

Das neue Welterleben wird schließlich noch an einem anderen grundlegenden Phänomen erkennbar, nämlich an der Entdeckung des Raumes selbst, d.h. an der Raumdarstellung innerhalb der Bilder, an der Perspektive. Dies ist besonders an dem Abendmahlbild Leonardos zu erkennen. Man sagt sogar, dass Leonardo der Erste war, der die Perspektive des Raumes in konsequenter und «realistischer» Weise in die Malerei eingeführt habe. Beim Abendmahlbild hat Leonardo nicht nur im Bild selbst die Perspektive unglaublich real zur Darstellung gebracht, sondern sogar den Bildraum selbst mit dem Refektoriumsraum der Mönche engstens verklammert, was für die damalige Zeit etwas völlig Neues war. Hierdurch hat er eine starke Präsenz der (heiligen) Abendmahlgesellschaft mit Christus in der Mitte innerhalb des (profanen) Speiseraumes der Mönche erreicht, was für die damaligen Menschen unglaublich eindrucksvoll gewesen sein muss (M. Ladwein, 2004).

Die Symbolsprache in Leonardo da Vincis Abendmahlbild

Das *Abendmahlbild* von Leonardo da Vinci erscheint auf den ersten Blick sehr realistisch. Dargestellt ist die Szene: «Christus sagt, ‹einer wird mich verraten›». Das Bild zeigt dann die dramatischen Gemütsbewegungen der Jünger, die durch dieses Wort hervorgerufen worden sind (Abb. 3 u. 4). Man sieht dies an ihren Gesten, an ihrem Gesichtsausdruck und ihren Armbewegungen. All dieses ist vom Betrachter leicht nachzuvollziehen, sodass die tiefgründige Spiritualität dieses Kunstwerkes zunächst ganz im Verborgenen bleibt. Wenn man aber die Darstellungen im Einzelnen, die Farbgebungen, die Architektur des Ganzen genauer ins Auge fasst und den Symbolwert jeder dargestellten Einzelheit ins Bewusstsein hebt, kommt man zu unglaublich tiefen, spirituellen Einsichten.

Diese tief spirituellen Aspekte hatte Rudolf Steiner im Auge, als er einmal in einem Weihnachtsvortrag am 25.12.1921 (GA 209) über das Abendmahlbild von Leonardo Folgendes ausführte:

«Wenn irgendein Wesen aus einem fremden Himmelskörper auf die Erde herunterkäme, so würde es gegenüber dem, was es sieht in der äußeren Wirklichkeit, erstaunt sein, denn wir müssen annehmen, dass ein solches Wesen eines andern Planeten eine ganz andere Umwelt um sich hätte, und es würde erstaunt sein über alles dasjenige, was Menschenschöpfungen auf der Erde sind. Würde es aber hingeführt vor dieses Bild [das Abendmahlbild von Leonardo], in dem dieses Mysterium von Golgatha in der allercharakteristischsten Weise einmal zur Anschauung gekommen ist, dann würde es aus diesem Bilde unmittelbar intuitiv etwas aus dem Sinn des Erdendaseins empfinden, einfach durch die Art, wie der Christus Jesus unter seinen Zwölfen, die wiederum die Repräsentanten des ganzen Menschengeschlechtes sind, hineingestellt ist.»

Wir können in diesem Rahmen natürlich die menschheitsgeschichtliche Bedeutung des Leonardo-Bildes nicht im Einzelnen besprechen.

Es soll aber doch kurz dargestellt werden, wie hier (erstmalig in dieser Form) eine symbolhafte Darstellung erreicht wird, die tiefste Schichten des menschlichen Wesens anspricht und ansprechen soll, wie das in ganz ähnlicher Weise auch beim Isenheimer Altar der Fall ist. Das ist – um mit Steiner zu sprechen – die Sprache der Bewusstseinsseele. Wenn wir uns auch hier nur mit einigen wenigen Details des Abendmahlbildes beschäftigen können, wird doch deutlich, was gemeint ist. Und das kann uns dann auch sehr viel helfen, die Bilder des Isenheimer Altares (methodisch) in gleicher Weise zu analysieren, um ihre tiefere Spiritualität dem Bewusstsein zugänglich zu machen.

Da ist einmal die Anordnung der Jünger in vier Dreiergruppen, wobei jede Gruppe einen jüngeren und einen älteren Jünger enthält (M. Ladwein, 2004). Sind nicht die «Zwölf» selbst Repräsentanten der zwölf Sternbilder und damit speziellen kosmischen Kräften verbunden? Leonardo hat den rechts von Christus sitzenden Jüngern durchwegs dunklere Farben gegeben und bei den links Sitzenden (polar dazu) die helleren, lichteren Farbtöne verwendet. Ganz auffallend aber sind die Differenzierungen der Hand- und Armstellungen, die durch die Konsequenz ihrer Darstellung unmittelbar Symbolcharakter gewinnen. Anatomisch kann man bei den Handbewegungen grundsätzlich zwei funktionell verschiedene Stellungen unterscheiden, die ihrem Wesen nach sogar eine Polarität darstellen. Das eine ist die Greifhand, bei der der Daumen den übrigen Fingern gegenübergestellt wird und die Hand einen Gegenstand umfassen, ergreifen oder festhalten kann. Meist wird der Unterarm dabei nach innen gedreht, sodass sich die beiden Unterarmknochen (Radius und Ulna) überkreuzen (Pronation; Abb. 1). Diese freie und vielfältige Bewegungsform des Armes, wobei die Hand ihre Greif- und Arbeitsfähigkeit gewinnt, ist in der Evolution erst durch die Aufrichtung des menschlichen Körpers und die Befreiung der oberen Gliedmaßen von den Aufgaben der Fortbewegung entstanden. Sie kommt in dieser Form im Tierreich nicht vor. Der Mensch ist das einzige Lebewesen dieser Erde, das sich (senkrecht) zwischen Himmel und Erde frei bewegen kann und damit seine Hand für die vielfältigsten Tätigkeiten als Greif- und Arbeitshand einsetzen kann. Ohne diese anatomischen Besonderheiten wären die kulturellen Entwicklungen der

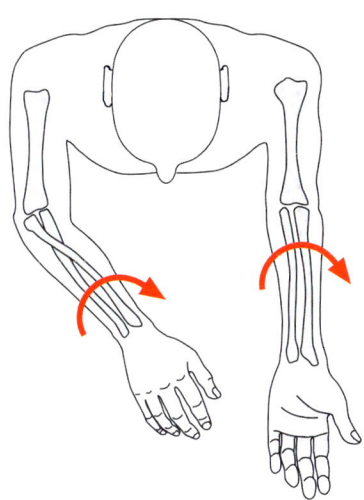

Abb. 1: Hand- und Unterarmstellung bei den beiden elementaren Bewegungen des Armes. Rechts beim Zupacken und Greifen eines Gegenstandes (Pronationsbewegung), links beim Öffnen und Empfangen eines Objektes (Supinationsbewegung). Bei der Pronation (Pfeil nach innen) sind die Unterarmknochen gekreuzt, bei der Supination (Pfeil nach außen) parallel angeordnet (aus J. W. Rohen, Morphologie des menschlichen Organismus, Stuttgart, 2016).

Abb. 2: Christus im Abendmahlbild von Leonardo da Vinci. Man beachte die pronatorische Geste rechts und die supinatorische Handbewegung links (vgl. Abb. 4). Auch die Farbgebung des Gewandes auf der linken und rechten Körperseite entspricht der Gesamtkomposition des Bildes.

Menschheit, deren Basis die künstlerischen, handwerklichen und gestaltlichen Ausdrucksbewegungen der Hand darstellen, nicht möglich gewesen (R. Wilson, 2000; J.W. Rohen, 2016). Das ist der Aspekt des Homo faber. Aber es gibt auch den gegenteiligen Aspekt. Wenn die Hand geöffnet wird, der Daumen nicht opponiert, sondern reponiert wird, wenn die Hand zu einer Schale wird, die empfangen und aufnehmen kann, dann wendet sich der Mensch nach oben, himmelwärts, das heißt, er wird nicht tätig, sondern offen für die von oben einströmenden Kräfte. Darum wird diese Geste auch für Hingebung, Anbetung und Bewunderung verwendet. Die Unterarmknochen liegen jetzt parallel nebeneinander. Man spricht von Supination, während die Greifhand eine Pronationsbewegung voraussetzt. In der offenen Erhebung der Hand (himmelwärts) kommt gewissermaßen der Homo-sapiens-Aspekt der Gliedmaßen zum Tragen (Abb. 1).

Betrachten wir unter diesem Aspekt, dass der Mensch allein schon durch seine Handstellung sein Eingefügtsein zwischen Himmel und Erde, zwischen Oben und Unten, zwischen dem Tätigsein auf und an der Erde und dem Offensein gegenüber der geistigen, d.h. oberen Welt zum Ausdruck bringen kann, Leonardos Bild nochmals genauer. Wir finden dann – völlig überraschend – dass alle Jünger, die rechts von

Abb. 3: Das Abendmahlbild von Leonardo da Vinci. Man beachte die Anordnung der 12 Jünger in 4 x 3 Gruppen, die Betonung der dunkleren Farben bei den rechts von Christus sitzenden Jüngern und die helleren Farben der Gewänder bei den links von Christus sitzenden Jüngern, sowie die unterschiedlichen Gesten der Hände.

Abb. 4: Darstellung der Handgesten bei den Jüngern, die auf dem Abendmahlbild (Abb. 2) zur Darstellung gekommen sind. Die rechts von Christus Sitzenden zeigen pronatorische, die links Sitzenden supinatorische Handbewegungen (farblich hervorgehoben).

Christus, also auf der mehr dunklen (erdzugewandten) Seite sitzen, pronatorische Handstellungen haben. Da ist nicht nur Bartholomäus, der aufgesprungen ist und seinen Oberkörper mit den Händen auf den Tisch abstützt, sondern auch Petrus, der mit seiner verdrehten rechten Hand bereits das Messer umklammert, oder Judas, der den Geldbeutel mit seiner Hand umschließt. Auch die anderen Jünger dieser Seite zeigen in irgendeiner modifizierten Form pronatorische Hand- und Armstellungen![2] Wir befinden uns hier auf der «irdischen Seite» des Spektrums (Abb. 3 u. 4).

Auf der gegenüberliegenden Seite, d.h. links von Christus, zeigen alle Jünger mit ihren helleren Gewändern supinatorische Arm- bzw. Handstellungen: am deutlichsten bei Simon am Tafelende, aber auch daneben bei Matthäus und neben Christus bei Jakobus dem Älteren. Man könnte denken, dass Thomas (der Zweifler), der mit seinem egozentrischen Verhalten durch seinen Kopf das Fenster hinten (Symbol für den Zugang zur geistigen Welt) verdeckt, den erhobenen Zeigefinger in einer pronatorischen Handstellung hält, aber es ist eindeutig ebenfalls eine supinatorische Geste. Wie wahrheitsvoll von Leonardo, dass Johannes nicht – wie üblich – an der Brust des Herrn liegt, sondern durch seine Hinwendung zu dem emotional aufschäumenden Petrus das Fenster hinten – gerade umgekehrt wie bei Thomas – freigibt, d.h. den Zugang zur geistigen Welt öffnet (Abb. 3).

Jetzt erst beginnt man zu ahnen, was unter den Gesten des Christus selbst zu verstehen ist (Abb. 2). Die linke Hand ist supinatorisch geöffnet – als wollte sie sagen, ich werde mich hingeben, meinen Leib opfern, um die Menschheitsentwicklung wieder mit den verlorenen göttlichen Lebenskräften in Verbindung zu bringen. Die rechte Hand aber ist in einer pronatorischen Stellung dargestellt. Hier zeigt sich der Wille, Judas mit der Übergabe des Brotes konkret den Auftrag zu erteilen, die Passion in die Wege zu leiten. Gerade diese Geste zeigt, dass der Leidensweg ins Irdische hinein von Christus bewusst angestrebt worden ist und eigentlich kein (überraschender oder ungewollter) Verrat vorliegt. Diese beiden, so unscheinbar aussehenden Gesten Christi offenbaren letztendlich doch – vor allem im Zusammenhang mit den Gesten der zwölf Jünger – die ganze Dynamik des christlichen

2 Ich verdanke die Entdeckung, dass alle Jünger rechts pronatorische und alle Jünger links supinatorische Handstellungen zeigen, meinem verehrten Lehrer und Freund, Dr. Friedrich Kipp, Stuttgart (†).

Mysteriums, das sich erst aus der Polarität zwischen Himmel und Erde, Oben und Unten, lichter, göttlich-geistiger und dunkler, irdischer Welt verstehen lässt. Christus als Sohn Gottes opfert sich für die Menschheit, wird «Menschensohn» (wie er sich immer wieder nennt), um die Menschheit aus dem Dunkel und Verfestigten des Irdischen in das Licht der geistigen Welt zurückzuholen (A. Welburn, 1992).

Genau hier berührt sich die Welt Leonardos mit der Grünewalds. Leonardo will den Menschen die spirituellen Hintergründe des Opferganges Christi durch die tiefgründigen Symbole, die das Abendmahlbild enthält, zum Bewusstsein bringen. Die Menschen waren damals noch nicht reif, bewusst (sozusagen abstrakt) darüber zu sprechen. Aber die Sprache der Bilder konnte damals noch zu einer Symbolschrift werden, die den in der Renaissancezeit mehr und mehr aufwachenden Menschen Impulse für ihre Bewusstseinsseele gaben und damit allmählich ein spirituelles Verständnis des Christentums selbst in der Neuzeit vorzubereiten begannen.

Dieselben Impulse sehen wir dann auch in dem ebenso genialen Kunstwerk von Grünewald, dem *Isenheimer Altar*. Auch hier würden wir bei einem bloß oberflächlichen Betrachten der verschiedenen Szenen zunächst keine tiefer gehenden Erkenntnisse gewinnen können. Aber es fällt schon auf den ersten Blick auf, dass diese Darstellungen in vielem völlig ungewöhnlich sind und dadurch offensichtlich auf etwas Verborgenes hindeuten, wie z.B. die Anwesenheit von Johannes dem Täufer bei der Kreuzigung Christi. Man bemerkt bald, dass die Symbolsprache der Altarbilder bei Grünewald ebenso tiefgründig ist wie bei Leonardo da Vinci. Auch die zentrale Thematik, nämlich den Opfergang Christi und dessen Bedeutung für die Evolution der Menschheit darzustellen, ist die gleiche.

Es beginnt das Zeitalter der Bewusstseinsseele, in dem sich der Mensch mit den spirituellen Kräfteströmungen auseinandersetzen muss, um letztlich zu einem neuen spirituellen Verständnis des Erlösungsweges Christi von Golgatha bis zur Auferstehung zu kommen. Dass diese Auseinandersetzungen aber nicht nur für die (noch) gesunden Menschen von Bedeutung sind, sondern besonders – und zwar in erster Linie – für Kranke und Leidende, ist ein besonderes

Charakteristikum des Isenheimer Altars. Zeitgeschichtlich gesehen gehört der Grünewald Altar jedoch genauso in die große Gruppe der genialen Kunstwerke der Renaissance, die in den Menschen der beginnenden Neuzeit die Bewusstseinsseele anregen sollten, um ihnen einen neuen Zugang zur geistigen Welt und damit zu einer spirituellen (auch leiblichen) Höherentwicklung zu erschließen.

Der Isenheimer Altar und sein medizinisch-therapeutisches Konzept

Der Isenheimer Altar gibt der Nachwelt viele Rätsel auf. Er war lange Zeit verschollen. Zwei Colmarer Bürgerfamilien (J. P. Marquaire und der Maler Karpff-Casimir) haben die bemalten Altarflügel vor den Stürmen der Französischen Revolution gerettet und 1793 (oder 1794) in die Bibliothek des Jesuitenkollegs von Colmar gebracht. Nur der geschnitzte zentrale Altarkern (das Gesprenge und der Schrein) hat durch die Bilderstürmer ernsthafte Beschädigungen davongetragen und wurde teilweise zertrümmert. 1853 wurde der Altar aber dann restauriert und im Unterlinden-Museum in Colmar aufgestellt, zwar zunächst mit seitenverkehrt angebrachten Altarflügeln (F. Sarwey, 1977, 1983), aber heute in der wohl ursprünglichen Anordnung. Die beiden zu Füßen von Antonius knienden Figuren wurden erst im 20. Jahrhundert wiederentdeckt und dann (restauriert) in den Schnitzaltar eingefügt (1984). Durch Ausgrabungen der Altarraumfundamente in Isenheim (1987/88) konnte auch die Struktur der 1831 abgebrannten Antoniterkirche, in der der Isenheimer Altar aufgestellt war, rekonstruiert werden. Erst dadurch lässt sich eine Vorstellung gewinnen, wie und wann die Mönche und vor allem die Kranken Zugang zu dem Altarwerk hatten. In der heutigen Aufstellung im Colmarer Museum ist die ursprüngliche Dreigliedrigkeit des Altars, wie sie im Antoniterkloster in Isenheim im 16. Jahrhundert zu sehen gewesen sein muss, nicht zu erkennen, da die Altarflügel einzeln aufgestellt sind, um sie den Besuchern gleichzeitig zeigen zu können. In der Klosterkirche von Isenheim wurde der Altar, der drei Schauseiten umfasste, in engem Zusammenhang mit den kirchlichen Jahresfesten jeweils mit den zugehörigen Schauseiten demonstriert. Hinzu kamen die speziellen Apostel- und Heiligenfeste, an denen die jeweils passenden Altarbilder gezeigt wurden. Eine Besonderheit des Isenheimer Altares ist jedoch die Bedeutung, die der Altar für die Krankenbehandlung gehabt hat.

Die dreistufige Struktur des Altars

Der Isenheimer Altar besitzt drei Schauseiten. Die erste zeigt in der Mitte Christus am Kreuz hängend mit Maria, Magdalena und Johannes zur Rechten und Johannes dem Täufer zur Linken des Kreuzes. In der Predella ist die Grablegung Christi oder besser die Beweinung Christi dargestellt. Das Mittelbild wird zu beiden Seiten von Heiligenbildern flankiert, links (vom Betrachter aus gesehen) der heilige Sebastian, rechts der heilige Antonius (Tafel 1).

Werden die Seitenflügel aufgeklappt, stehen vor dem Betrachter nebeneinander vier große Altarbilder, zunächst links die Verkündigung an Maria durch den Erzengel Gabriel, dann ein kleiner Tempel im spätgotischen Stil mit Engeln und Maria, als drittes Maria mit dem Jesuskind in offener Landschaft und schließlich ganz rechts – völlig überraschend – die Auferstehung Christi. Wir wollen dies im Folgenden die zweite Altarstufe oder Schauseite nennen (Tafel 2).

Werden jetzt die mittleren Altarflügel auch noch zur Seite geklappt, wird die dritte Altarstufe oder Schauseite sichtbar: in der Mitte drei große holzgeschnitzte Figuren – der heilige Antonius wie auf einem Throne sitzend, rechts von ihm ein Bischof mit Bischofsstab und links von ihm der heilige Hieronymus. Dieser Schnitzaltar wird seitlich flankiert von zwei großen Bildern, die einmal die Versuchung des heiligen Antonius (rechts vom Beschauer) und zum anderen (links vom Beschauer) den Besuch des hl. Antonius in der Wüste beim Eremiten Paulus von Theben zeigen. Die Predella zeigt dann ein Abendmahlbild mit geschnitzten Figuren (Tafel 3).

Der Sinnzusammenhang dieser drei scheinbar völlig verschiedenen Altarstufen ist auf den ersten Blick schwer zu verstehen. Kunsthistoriker haben oft von einem Marienaltar gesprochen. Aber ein Marienaltar ist dies mit Sicherheit nicht, obwohl Maria fünfmal zur Darstellung gekommen ist. Es war wohl auch primär kein Altar für religiöse oder kultische Zwecke. Schon die Stufenfolge der Präsentation der Bildwerke weist auf andere Intentionen hin, die zur Schaffung dieses ungewöhnlichen Kunstwerkes geführt haben mögen.

Hinweise auf einen therapeutischen Sinnzusammenhang

Es gibt Hinweise darauf, dass die drei Altarstufen dem am «Antoniusfeuer» Erkrankten an dem Tag, an dem dieser in das Klosterspital aufgenommen werden sollte, gezeigt wurden. Nach den vor einigen Jahren erfolgten Ausgrabungen und Rekonstruktionen der Isenheimer Kirchenanlage befand sich vor der Kirche ein kapellenartiger Raum, der mit der Ostpforte der Kirche (eine einmalige Struktur bei einer Kirche!) in Verbindung stand (Abb. 5). Nach Emil Spath (1997) wurde der Kranke zunächst in diesen Raum der Eingangshalle gebracht, bevor er in die Gemeinschaft des Antoniterklosters aufgenommen wurde. Hier musste er eine umfassende Lebensbeichte ablegen. Danach wurde er über einen kleinen Innenhof durch die Ostpforte (sozusagen von hinten) in die Kirche geführt und hinter dem Choraltar in einem eigens dort installierten Becken mit geweihtem Antoniuswasser rituell gewaschen. Dann wurde er vor den Altar gebracht, wo ihm zunächst die erste Schauseite mit der Kreuzigung Christi gezeigt wurde. Jetzt empfing er die sakramentale Lossprechung von seinen Sünden und das Sakrament der Krankensalbung («Extrema Unctio»). Danach erhielt der Kranke – im Anblick der zweiten Altarstufe mit den Bildern der Menschwerdung und Auferstehung Christi – das Altarsakrament (das «Viaticum») und legte vor der dritten Altarstufe, sozusagen unter den Augen des heiligen Antonius, die geforderten Gelübde ab.

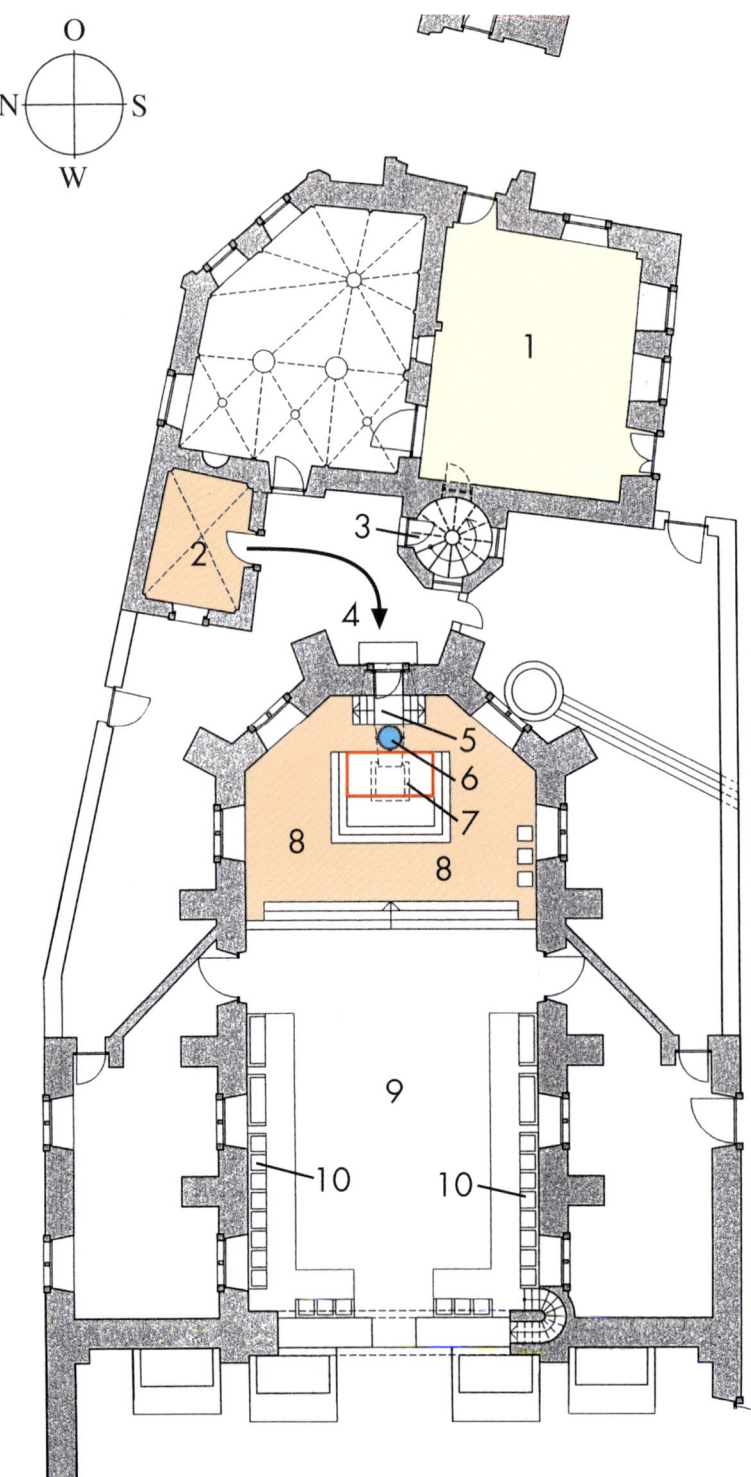

Abb. 5: Die Antoniter-Kirchenanlage in Isenheim nach den kürzlich erfolgten Ausgrabungen und Rekonstruktionen (aus E. Spath, 1997).

Pfeil = Weg der Kranken zum Altar.
1 = Empfangsraum
2 = Vorbereitungsraum
3 = Treppe zum Hospital
4 = Ostpforte der Kirche
5 = Ort der Absolution
6 = Becken für das Antonius-Wasser
7 = Hauptaltar
8 = Altarraum, Oberer Chor
9 = Unterer Chor
10 = Chorgestühl (30 Plätze)

Spath schreibt: «Es wäre nicht zu verstehen, wenn die Isenheimer Seelsorger unterlassen hätten, in den ernsten und reich gestalteten Ritus der Aufnahme eines Kranken, die seiner Aufnahme in den Orden gleichkam, alle drei Schauseiten ihres Altar-Retabels so sinngemäß und hilfreich einzubeziehen.»

Wenn man nun die Altarbilder auf ihren Sinngehalt genauer durchmustert, findet man an mehreren Stellen Darstellungen, die für ein Altarbild ganz ungewöhnlich sind. Auf dem Versuchungsbild des Antonius sitzt links vorne in ganzer Größe ein kranker Mensch, dessen Leib aufgedunsen und dessen Haut mit Geschwüren und Wunden übersät ist (Abb. 6). Aber nicht nur dieser Kranke, sondern auch die Teufel selbst, die den Antonius angreifen, haben teilweise solche Geschwüre an den Gliedern oder Auswüchse am Kopf. Auf dem Mittelbild der zweiten Altarstufe stehen neben der Maria mit dem Jesuskind ein Waschzuber, ein tönerner Topf (man sagt, eine Erfindung der Antoniter) für Salben oder Exkremente, eine (halb gefüllte) Vase mit Öl (Wundöl?) sowie ein frisch bezogenes Bettchen, auf dem ein roter Gürtel liegt (Abb. 7a–d). Neben Maria kann man (wenn auch schwer) am Boden eine in die Tiefe führende Treppe erkennen. Man nimmt an, dass es sich hier um ein Symbol für das Grab, in das Christus später gelegt werden soll, handelt (H. Ziermann, 2001). Ganz überraschend aber und jedenfalls für ein kultisches Altarbild äußerst ungewöhnlich sind die naturgetreu dargestellten Heilkräuter auf dem Antoniusbild der dritten Schauseite (Tafel 3), das den Besuch des heiligen Antonius beim Eremiten Paulus von Theben zeigt. Es handelt sich um etwa 10 bis 14 Heilkräuter (Abb. 8), die von den Antonitern für die Behandlung der Kranken zur Herstellung von Tinkturen und Salben (Antoniusbalsam) oder für den sog. Antoniuswein (Saint-Vinage) verwendet worden sind (W. Kühn, 1948, M. Schubert, 2007).

Diese Heilkräuter können in drei Gruppen eingeteilt werden: 1. solche, die harntreibende und abführende Wirkung hatten, also für eine rasche Entgiftung sorgten; 2. gefäßerweiternde, durchblutungsfördernde Kräuter und 3. betäubende und schmerzstillende Substanzen. Unter den 14 Pflanzen, die auf der letzten Altarstufe abgebildet sind, fand sich aber auch noch eine 4. Gruppe von Kräutern mit antibakterieller, blutstillender und

Abb. 6 (links): Erkrankter Pilger, den das «Antoniusfieber» ergriffen hat. Der linke Arm (weißer Pfeil) ist verkrüppelt und die Hand amputiert. (Dritte Altarstufe).

Abb. 7 (unten): Utensilien neben der Maria mit dem Jesuskind: ein Waschzuber (a) – man beachte das Massagebrett (weißer Pfeilkopf) links daneben –, ein tönerner Topf (b), ein halb gefülltes Ölkännchen (c) und ein frisch bezogenes Bettchen (d) – man beachte den roten Gürtel (roter Pfeil). (Zweite Altarstufe).

Abb. 8: Darstellung von Heilkräutern auf dem Bild, das den Besuch des heiligen Antonius beim Eremiten Paulus von Theben zeigt. (Dritte Altarstufe)

wundschließender Wirkung. Sie wurden wahrscheinlich zur Herstellung des Antoniusbalsams benötigt, der gegen brandige Wunden und nach Amputationen verwendet wurde. Bienenwachs, Schweineschmalz und Talg wurden mit dem Saft dieser Heilkräuter und Olivenöl vermischt, was eine Paste ergab, die man als Balsam bezeichnete. Das Rezept wurde streng geheim gehalten, konnte aber in unserer Zeit aus einem Inventarbuch des 18. Jahrhunderts herausgelesen werden (A. Mischlewski, 1976, H.W. Bayer und A. Mischlewski, 1998).

Gelang es nicht, die Wunden zur Abheilung zu bringen, wurde eine Amputation der erkrankten Gliedmaßen vorgenommen (Abb. 9).

Auch auf der ersten Altarstufe sind Pflanzen zu erkennen. An der Säule, vor der der heilige Sebastian steht, wie auch an dem zugehörigen Sockel ranken Heilpflanzen empor, die von den Antonitern wahrscheinlich zur Bereitung von Heilgetränken oder medizinischen Tinkturen benützt worden sind.

Ebenso ungewöhnlich für einen «normalen» Altar sind auch die beiden Heiligen, die das Kreuzigungsbild zu beiden Seiten flankieren, links

Abb. 9: Beinamputation bei einer am Antoniusfeuer erkrankten Frau im Beisein eines Klosterinsassen, dessen linke Hand amputiert ist. Er trägt das vom Kloster gestellte Gewand mit dem T-Zeichen auf der Brust. Holzschnitt aus Hans von Gersdorff, Feldbuch der Wundtarztney, Straßburg, 1517.

(vom Betrachter aus gesehen) Sebastian und rechts Antonius (Abb. 11). Auf Werbeflugblättern der Antoniter wurden meist vier Nothelfer genannt, nämlich Antonius als Nothelfer gegen das «Antoniusfeuer», Sebastian als ein solcher gegen die Pest und Johannes der Täufer zusammen mit Johannes dem Evangelisten als die Nothelfer gegen Epilepsie und Wundstarrkrämpfe (G. Scheja, 1969).

Auch die auf der zweiten Schauseite abgebildeten Utensilien, das Kinderbettchen, der Waschzuber usw., haben einen tieferen Sinn. In den Klöstern des Mittelalters, vor allem in den spätmittelalterlichen, wurde von den Nonnen oft eine ernste kontemplative Praxis geübt, um sich die Menschwerdung Christi zu vergegenwärtigen. Die Nonnen hatten Christkindpuppen, die sie in Wiegen betteten und in Zubern wuschen. Diese Verrichtungen sollten dazu dienen, sich in der Meditation mit Christus, der sich ja in einen menschlichen Leib inkarniert hatte, zu vereinigen (G. Scheja, 1969).

Die am «Antoniusfeuer» erkrankten Pilger mögen von dieser mystischen Kontemplationspraxis auch gewusst und durch den Anblick dieser Utensilien Impulse erhalten haben, in ihrer Seele die Menschwerdung Christi als Erlösungsgeschehen zu erleben, um dadurch Kräfte für ihre Gesundung zu gewinnen.

Alle oben genannten Details lassen darauf schließen, dass der Isenheimer Altar Grünewalds primär (und nicht nur beiläufig) therapeutischen Zwecken gedient hat, was auch von Gottfried Richter (1997) herausgestellt worden ist.

Um die Frage nach diesen Zusammenhängen zu vertiefen, müssen die Hintergründe der Entstehung dieses einmaligen Altarwerkes in den

Blick genommen werden: die Krankheit, das sog. «Antoniusfeuer», der Antoniterorden, welcher sich in eigens dafür gegründeten Klöstern auf die Pflege und Behandlung dieser Kranken spezialisiert hatte, sowie die mit der Entstehung des Isenheimer Altars engstens verbundenen Persönlichkeiten: dessen Schöpfer Matthias Grünewald und der auftraggebende Präzeptor des Antoniterklosters Isenheim, Guido Guersi.

Antonius und der Antoniterorden

Das Kloster in Isenheim war eines der über 360 Klöster und Niederlassungen, welche die Antoniter im 14./15. Jahrhundert in Mittel- und vor allem in Südeuropa besaßen und wo sie sich in erster Linie der Pflege derjenigen Kranken widmeten, die vom sog. «Antoniusfeuer» befallen waren.

Der Antoniterorden geht auf «Antonius den Großen», den heiligen Antonius, zurück. Dieser wurde 251/252 in Kome (heute Queman-el-Arous) in Mittelägypten geboren und lebte nach seiner Bekehrung zum Christentum über 50 Jahre lang als Einsiedler auf dem Wüstenberg Kolzim, wo er über 100-jährig im Jahre 356 (n. Chr.) verstorben ist. Unzählige Pilger und Kranke strömten hinauf zu seiner Einsiedelei, um seinen Rat oder seine Hilfe zu erbitten. Anfang des 4. Jahrhunderts (fast 60-jährig) ging er nach Alexandria, um den durch die Christenverfolgung der römischen Kaiser in Not geratenen Menschen beizustehen und sie in ihrem Glauben zu stärken. Er war auch bereit, als Märtyrer zu sterben. Aber ihm blieb das Martyrium erspart. Als er etwa 20 Jahre später – von Bischof Athanasius gerufen – nochmals nach Alexandria kam, um gegen die Häresie der Arianer zu predigen, lief die ganze Stadt zusammen, um den «heiligen Antonius» zu sehen und seinen Segen zu erbitten. Mit den Heiden und Ketzern kam es zu dramatischen Diskussionen, die aber letztlich sogar dazu führten, dass sich sehr viele von ihnen taufen ließen und Christen wurden.

Man kann sagen, dass Antonius das anachoretische Mönchstum in der Zeit des Urchristentums im Vorderen Orient begründet hat. Im Mittelalter wurde er fast zu einer mythischen Gestalt, d.h. zu einer Art Volksheiligen. Das von Antonius in Ägypten begründete Mönchstum bildete dann auch die Grundlage für die abendländischen Mönchsorden. Athanasius, der später Bischof von Alexandrien und ein begeisterter Schüler von Antonius geworden war, hat eine Biographie des Antonius geschrieben. Sie wurde von Euagrius ins Lateinische übersetzt und hat dadurch für das aufkeimende Mönchstum des Abendlandes eine große Bedeutung erlangt. Die Mönche der europäischen Orden haben Antonius immer hoch verehrt, weil er einer der Ersten war, die den Versuchungen des Teufels während seines asketischen Lebens in der Wüste entgegengetreten ist und die höchsten Einweihungsstufen des Einsiedlerdaseins erreicht hat. Der hl. Benediktus von Nursia, der Anfang des 6. Jahrhunderts den Benediktinerorden begründet und durch sein «Ora et Labora» den europäischen Mönchsorden ein neues christliches Ideal gegeben hat, beruft sich ausdrücklich auf Antonius. Die Benediktiner haben immer die Erinnerung an Antonius in ihren Andachten und Collationes heilig gehalten und lange vor Gründung der Hospitaliter-Orden den heiligen Antonius als siegreichen Kämpfer gegen die Versuchungen und Schrecken der Teufel verehrt.

Auch die Mönche der späteren Hospitaliter-Orden haben Antonius hoch verehrt, was durch die Lebensbeschreibung von Athanasius stark gefördert worden ist. In dieser Vita wurden besonders die herausragenden Charaktereigenschaften des Antonius, insbesondere seine Fähigkeiten, Kranke und Bedürftige zu heilen, beschrieben. Darin heißt es unter anderem, dass Antonius die Kranken oder Verzweifelten, die ihn in seiner Wüsteneinsamkeit aufgesucht hatten, gesund machen oder auch seelisch aufrichten konnte. Athanasius schildert Antonius, den er persönlich oftmals erlebt hat, als einen starken Geist, der die Macht der Teufel brechen sowie Mensch und Tier von Krankheiten heilen konnte. Antonius habe aber auch die Macht gehabt, Krankheiten oder Leiden als Strafe zu verhängen.

Im Mittelalter wurde Antonius vielfach zu einer allegorischen Gestalt, die mit den Saturnkräften in Zusammenhang gebracht wurde (E. Spath, 1991). Sein Festtag (17. Januar) leitete in verschiedenen Gegenden die Faschingsumzüge ein, die dann mit zahlreichen abergläubischen Gebräuchen verknüpft wurden. Antonius galt als Besieger der Dämonen, der als Wächter am Eingang der Hölle die Teufel in Schach halten konnte.

Im Mittelalter hatten sich also zwei Hauptströmungen für die Antonius-Verehrung herausgebildet, einmal die volkstümliche und zum anderen die theologisch-klösterliche Strömung. Im Folgenden soll nur die Entwicklung der Mönchsorden selbst ins Auge gefasst werden, die

Abb. 10: Holzskulptur des hl. Antonius aus der Justinuskirche in Höchst am Main (1485), die wahrscheinlich Niklas von Hagenau für die Antonius-Darstellung im Isenheimer Altar als Vorbild gedient hat (vgl. a. Abb. 40). Stiftergemeinschaft Justinuskirche e.V., Frankfurt am Main – Höchst.

Antonius immer als ihren Begründer und geistigen Vater angesehen haben.

Im 4. Jahrhundert wurde ein Antoniterorden zunächst als ritterlich-mönchische Gemeinschaft von Basilius in Ägypten und Äthiopien begründet, um die Ketzer, hauptsächlich die Arianer, Anhänger des Presbyters Arius, der die Gleichewigkeit des göttlichen Logos bzw. des Gottessohnes mit dem Vater bestritt, wodurch sie der athanasianischen Lehre gefährlich werden konnten, zu bekämpfen. Athanasius vertrat die absolute Trinitätslehre, die später (d.h. nach den beiden Konzilen in Nicäa 305 und 307) auch zum Glaubensbekenntnis der Christenheit geworden ist (s. a. S. 86). Der halb-militärisch organisierte Orden trug bereits das Tau-Kreuz der Antoniter gemäß dem Wort des heiligen Antonius, die Brüder sollen gekennzeichnet sein wie die Auserwählten Israels (Hesekiel 9, 4-6).

Die eigentliche Geschichte des Antoniterordens beginnt jedoch erst 1095, und zwar als Laienbruderschaft. In einem kleinen Ort in der Dauphiné in Südfrankreich, St. Antoine-en-Viennois, wo ein Kreuzfahrer die aus dem Orient heimgebrachten Gebeine des heiligen Antonius beigesetzt hatte, gründete eine Gruppe frommer Adeliger zur Pflege der kranken Pilger nicht nur die Antoniterbruderschaft, sondern auch ein Hospital.

Das sogenannte «Antoniusfeuer» war eine schon im frühen Mittelalter bekannte Seuche («Ignis sacer»), die zunächst mit Kribbeln und brennenden Schmerzen in den Extremitäten begann, dann aber auch zum Absterben von Händen und Füßen führen konnte. Im Endstadium lösten sich die geschwürig zerstörten (gangränös gewordenen) Gliedmaßen vom Körper oder wurden amputiert (Abb. 9).

Neben dieser Form der Erkrankung gab es noch eine konvulsive Form, die zu epileptischen Anfällen, Tobsucht oder apathischen Zuständen führte und meist tödlich endete. Erst 1670 gelang es einem südfranzösischen Arzt, Dr. Thuilliers, nachzuweisen, dass diese Erkrankung auf den Mutterkornpilz (Claviceps purpurea), der hauptsächlich auf den Ähren des Roggens wächst, zurückzuführen ist. Das periodische Auftreten der Seuchen in Abhängigkeit von den jeweiligen Ernteergebnissen und Klimaschwankungen fand dadurch seine Erklärung.

Im 15./16. Jahrhundert wusste man von diesen Zusammenhängen noch nichts. Man sah die Erkrankung als Strafe Gottes an und rief den heiligen Antonius als Schutzpatron an. Die Laienbruderschaft der Antoniter, die sich in Südfrankreich und Deutschland rasch verbreitet hatte, nahm sich speziell dieser Kranken an und pflegte sie in eigenen Spitälern und Klosterheimen.

Das war aber nicht nur eine Pflege allgemeiner Art, sondern eine gezielte Therapie mit dem oben beschriebenen «Balsam des heiligen Antonius» sowie mit dem «Saint-Vinage», einem mit Alkohol und Medikamenten versetzten Wein, der zuerst in einer feierlichen, fast kultischen Handlung auf die Reliquien des heiligen Antonius gesprengt werden musste.

Die Erfolge müssen jedoch so beeindruckend gewesen sein, dass die Laienbruderschaft der Antoniter im Mittelalter immer berühmter wurde. 1247 wurde die Bruderschaft von Papst Innozenz IV. (1243–1254) als selbstständiger Orden anerkannt und nach den Regeln des heiligen Augustinus konstituiert. Aus den Prioraten mit ihren angeschlossenen Krankenhäusern wurden jetzt Abteien.

Durch das rasche Wachstum des Ordens und seiner Einrichtungen wuchs auch ihr Finanzbedarf, der schließlich nicht mehr durch Kollekten und Spenden allein gedeckt werden konnte. So erhielt der Orden Mitte des 14. Jahrhunderts das alleinige Recht zur Aufzucht von Ferkeln, die er zunächst als Geschenk erhalten hatte und denen dann das Antoniuskreuz (ein T, griech. Tau) eingeprägt wurde («die Schweine des heiligen Antonius»). Es ist denkbar, dass den Kranken durch diese vielleicht besonders sorgfältig kontrollierten und gepflegten Tiere auch eine hochwertige und gesunde Nahrung zugeführt worden ist und Infektionen aus tierischer Nahrung, die in der damaligen Zeit an der Tagesordnung waren, vermieden werden konnten.

Erhebliche Einnahmen hatten die Antoniter auch durch Sammelfahrten (sog. «Terminieren»), bei denen die Mönche und ihre Helfer durch die Lande zogen, um Almosen zu erbitten. Das Eintreffen der «Antoniusboten» wurde in den Gemeinden meist wie ein Festtag begangen. Priester und Einwohner des Ortes zogen den Antoniusboten mit Kreuz und Fahnen entgegen. Dann wurde gemeinsam ein Gottesdienst gefeiert und der Segen mit einer Antoniusreliquie, die in einem versilberten T-Kreuz aufbewahrt wurde, erteilt. In der Predigt wurden die Wundertaten des hl. Antonius geschildert und anschließend wurde um Almosen gebeten. Papst Innozenz IV. hat diese Sammelfahrten ausdrücklich befürwortet und dem Schutz der Kurie unterstellt. Die Antoniter sind dadurch auch zum Vorbild der späteren Bettelorden geworden.

Im Jahre 1777 wurde der Antoniterorden, der inzwischen an Bedeutung verloren hatte, mit dem Malteserorden vereinigt.

Darstellungen des heiligen Antonius

Auf der *ersten Schauseite* des Isenheimer Altars ist der heilige Antonius abgebildet mit dem «Antoniusstab», der das T zeigt, das auch die Mönche auf ihren Mänteln getragen haben (Abb. 11, rechts). Das Tau (T) war ein uraltes heiliges Zeichen, das sowohl die präkolumbianischen Völker als auch die Chinesen kannten. Bei Ezechiel (9,4) und in der Apokalypse des Johannes (7,2) werden die Auserwählten mit diesem Siegel gekennzeichnet. In Ägypten symbolisierte es das zukünftige Leben, gespendet vom Sonnengott Osiris. In der Hand der Isis war es der Schlüssel zur Herrschaft über die Ober- und Unterwelt. Die Ägypter verwendeten das Tau-Symbol vielfach auch als Symbol der Sonne selbst. Im hebräischen Alphabet ist A (Alaph) der erste und Tau der letzte Buchstabe (im Griechischen Omega) – sozusagen Anfang (α) und Ende (Ω) des Lebens. Nach Clemens von Alexandrien hat das Tau den Zahlenwert 300 (300 Ellen war die Länge der Arche Noah). Arche als Arca bedeutet Kasten, Arkah im Sanskrit die Sonne. Das Tau als Symbol der Sonne wurde in Europa noch bis ins 12. Jahrhundert tradiert (F. Sarwey, 1983). Aber auch bei den Germanen und Kelten findet es sich als heiliges Zeichen (das Tau-Gallicum oder der Hammer des Gottes Thor). Die Antoniter haben das T-Zeichen als Symbol für die Heilkraft Christi, die wie die Sonne auf die Lebenskräfte des Menschen wirken kann. Es gibt aber auch Autoren, die das Antoniterkreuz, den T-Stab, als Krücke (Potentia – mittellat. Krücke) für die kranken Krüppel gedeutet haben (A. Mischlewski, 1976).

Die große Holzfigur des Antonius auf der dritten Schauseite des Altars trägt nicht nur den Antoniusstab mit dem Tau-Zeichen, sondern zu beiden Seiten sind auch kleinere Holzfiguren zu sehen, von denen die eine einen Hahn, die andere ein kleines Schwein auf dem Arm trägt. Das Schwein war damals neben dem Tau-Zeichen das andere Symbol für die therapeutisch aktiven Antoniter.

In der Justinuskirche in Höchst am Main, die zu einer Antoniterniederlassung gehörte, befindet sich in der östlichen Seitenkapelle ein

Abb. 11 (Seite 38): Sebastian (links) und Antonius (rechts). (Erste Altarstufe).

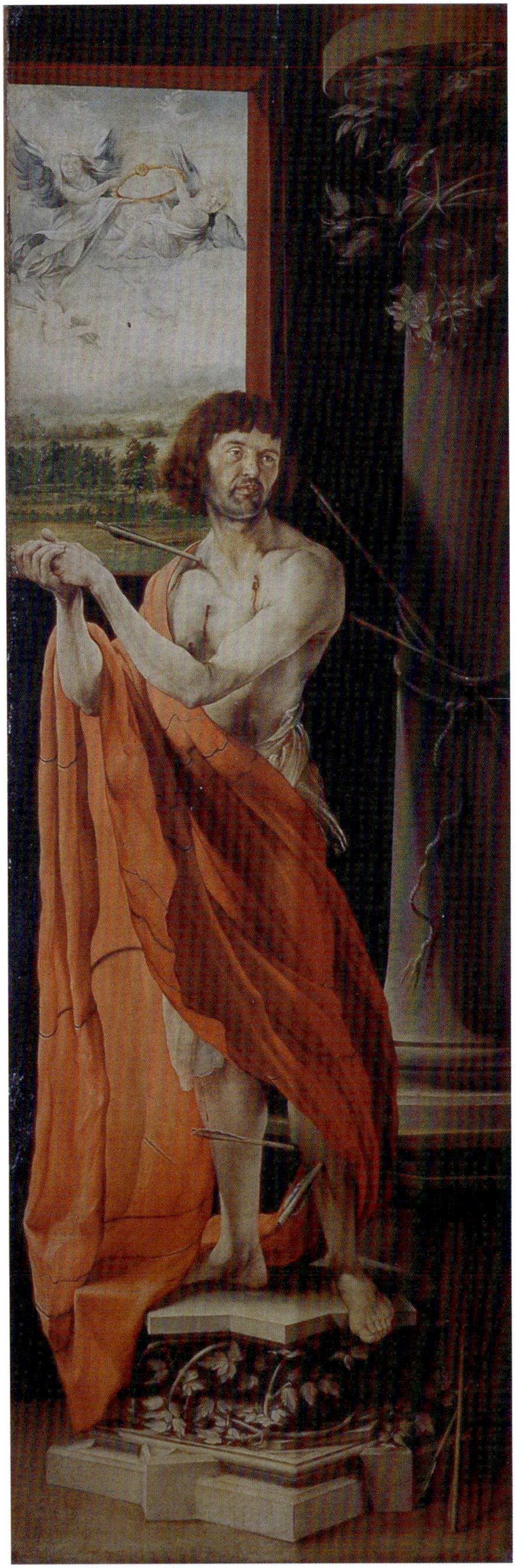

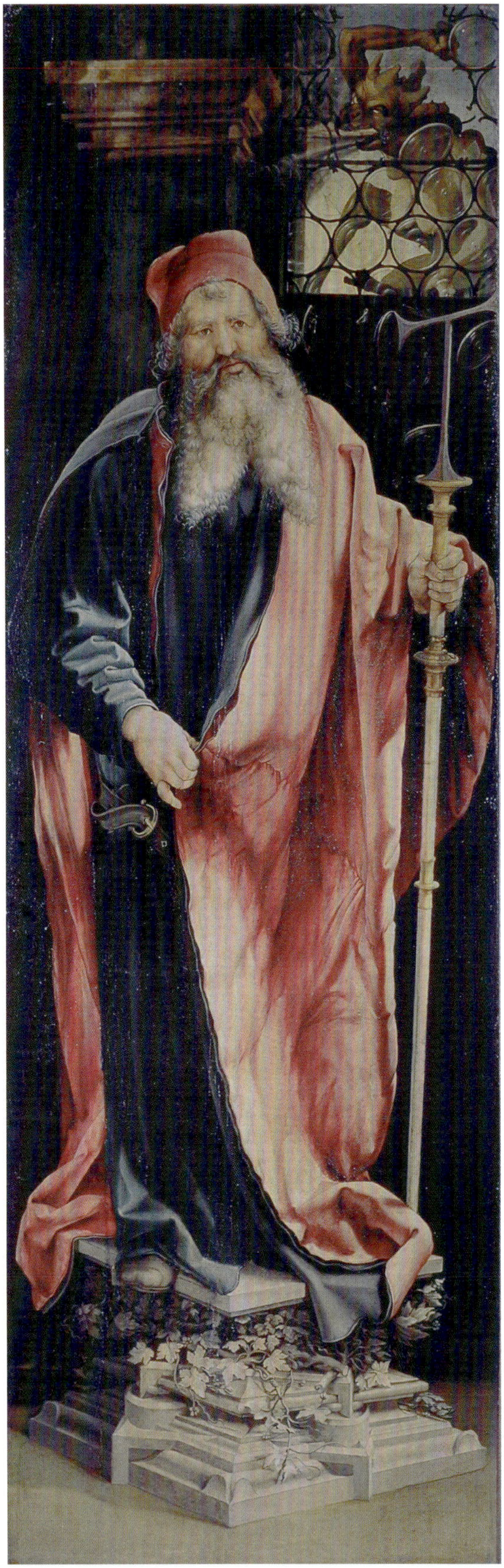

Abb. 12: Der Teufel (die Teufelin) schlägt die Butzenscheiben ein. (Erste Altarstufe)

spätgotisches Taufbecken (um 1480) und eine Figur des heiligen Antonius, die 1485 entstanden ist. Antonius ist sitzend mit einem Buch auf dem Schoß dargestellt. Er hält in der linken Hand den ihn charakterisierenden Stab mit dem Tau-Zeichen (Abb. 10). Es heißt, dass diese Figur Niklas von Hagenau als Vorbild für die Antoniusplastik des Schnitzaltars in der dritten Schauseite des Isenheimer Altars gedient hat. Die Ähnlichkeit der beiden Figuren ist überraschend. Der Generalpräzeptor der Antoniterniederlassung in Höchst, Heinrich Meyersbach, ist 1520 gestorben. Sein Grabstein befindet sich ebenfalls in dieser Seitenkapelle der Justinuskirche. Es ist sehr wahrscheinlich, dass dieser Präzeptor mit den Antonitern in Isenheim Kontakt hatte und vielleicht sogar die Erstellung der Antonius-Plastik des Schnitzaltars in Isenheim angeregt hat.

Antonius auf der *ersten Schauseite* steht (vom Betrachter aus gesehen) rechts, sozusagen zum Auftakt des ganzen Altarerlebens, mit dem T-Stab vor einer dunklen Säule (Abb. 11). Aber schon hier erkennt man, dass ein neues Zeitalter begonnen hat. Der Teufel schlägt über seinem Kopf die Butzenscheiben ein – damit andeutend, dass die Zeiten des ruhigen Klosterlebens vorüber sind und dass in der Welt Krankheiten wüten. Zeigt er doch selbst bereits die geschwulstartigen Vorwölbungen des

«Antoniusfeuers» am Kopf (Abb. 12). Aber der heilige Antonius (rechts) und der heilige Sebastian (links) stehen unbeeindruckt, friedlich an einer Säule. Die Säule des Sebastian ist hell, die des Antonius dunkel. Es wird vielfach angenommen, dass diese beiden Säulen die Säulen des salomonischen Tempels, Boas und Jachin, repräsentieren sollen. Wollten Grünewald und Guersi gleich zu Anfang des Altarerlebens zeigen, dass hier noch tiefere Geheimnisse verborgen sind? Auf der zweiten Schauseite erscheint dann nämlich tatsächlich ein Tempel, der allgemein als Symbol des salomonischen Tempels angesehen wird. Sagte nicht Christus, bevor er den letzten Opfergang nach Golgatha antrat, dass er diesen Tempel (aber er meinte seinen Leib) in drei Tagen wieder aufbauen wolle? Das zentrale Motiv des Isenheimer Altars ist also gleich zu Anfang die Leiblichkeit des Menschen, die durch Krankheit zerstört wird, aber auch durch die Christuskräfte wieder aufgebaut werden kann.

Guido Guersi, der Präzeptor des Antoniterklosters Isenheim

Der Isenheimer Altar zeigt, dass die Antoniter sich nicht mit der Pflege und medikamentösen Behandlung der Kranken begnügten, sondern auch psychotherapeutische Ansätze versucht haben. Der Altar lässt sich als ganzes Kunstwerk nur verstehen, wenn man diese psychotherapeutischen Aspekte mit einbezieht.

Das Konzept dafür ist sicherlich sowohl von Guido Guersi, dem damaligen Präzeptor des Klosters, als auch von Grünewald ausgegangen bzw. vielleicht von beiden gemeinsam entwickelt worden.

Abb. 13: Familienwappen von Guido Guersi auf dem hintersten Schlussstein der Kreuzbogen im Aufnahmegebäude des Antoniterklosters in Isenheim (vgl. a. Abb. 8, 48 und 50).

Jean d'Orliac, der Vorgänger von Guido Guersi, hat wahrscheinlich dem Straßburger Bildhauer Niklas von Hagenau den Auftrag gegeben, Holzplastiken für einen neuen großen Altar zu schaffen. Es wird aber neuerdings bezweifelt, ob die großen Plastiken wirklich von Niklas von Hagenau stammen (s. M. Schubert, 2007). Der Auftrag erfolgte, obwohl Martin Schongauer 30 Jahre zuvor für Isenheim schon ein großes Altarbild (Maria im Rosenhag – noch heute in Colmar zu sehen) gemalt hatte. War dem Präzeptor des Klosters dieses Bild zu konventionell? Hatten die Antoniter inzwischen andere Vorstellungen für die Gestaltung eines Altars? Hatte Jean d'Orliac bereits damals medizinisch-therapeutische Aspekte für ihr Altarwerk im Auge? Was Guido Guersi betrifft, gilt das sicherlich. Jedenfalls hat Guersi, nachdem er 1490 d'Orliac als Präzeptor abgelöst hatte, Grünewald (etwa 1506 oder 1510) beauftragt, für das zentrale Schnitzwerk des Altars, das 1505 fertiggestellt worden war, die Seitenflügel zu malen. Die letzte, d.h. die dritte Schauseite des Isenheimer Altars ist damit wahrscheinlich als erste entstanden. Auf dieser Stufe standen noch die Persönlichkeit des hl. Antonius sowie die kirchenhistorischen Hintergründe des Antoniterordens im Zentrum der Darstellung. Aber durch die dann vorgeschalteten zusätzlichen Altarflügel wurde die Thematik in eine fast kosmisch-esoterische Dimension ausgeweitet – wobei dann die psychotherapeutischen Aspekte ganz in den Vordergrund gerückt worden sind (wahrscheinlich in der Zeit zwischen 1512 und 1516).

Man darf annehmen, dass sowohl Guersi als auch Grünewald Kontakte zu den Rosenkreuzern besaßen und von dort ihr mystisches Gedankengut erhalten haben, das dann in dem Altarwerk – verschlüsselt in den Symbolen der verschiedenen Bildelemente – zur Darstellung gekommen ist. Jean d'Orliac war Franzose, Guido Guersi – sagt man – sei Italiener (vielleicht Sizilianer) gewesen. Es ist aber nicht unwahrscheinlich, dass auch Guersi aus Südfrankreich stammte (H. Ziermann, 2001), wo aus der Zeit der Tempelritter, der Katharer (bzw. Albigenser) und der Rosenkreuzer immer noch esoterische Traditionen lebendig waren, die nur durch mündliche Überlieferungen von Generation zu Generation weitergegeben werden durften. Schließlich waren ja auch die Impulse zur Gründung des Antoniterordens selbst in Südfrankreich entstanden.

Fragen wir uns, bevor wir die therapeutische Dimension des Isenheimer Altars näher ins Auge fassen, ob uns die Lebensgeschichte Grünewalds nicht auch Hinweise geben kann, was mit diesem wunderbaren Kunstwerk eigentlich gewollt war und welche Symbole dort hineingeheimnist worden sind, vielleicht auch besonders im Zusammenhang mit den von den Rosenkreuzern gehüteten mystisch-esoterischen Traditionen.

Meister Mathis Gothart, gen. Nithart (Grünewald)

Über die Vita von Grünewald, auch über sein esoterisches Wissen und seine Lebensanschauungen ist uns wenig überliefert, um nicht zu sagen gar nichts. Das Einzige, was wir sicher wissen, ist, dass Grünewald nicht Grünewald geheißen hat (nennen wir ihn aber der Einfachheit halber weiterhin so). Er hat – wenn überhaupt – seine Werke mit MG signiert und darüber oder daneben ein N gesetzt: Matthias oder Mathis Gothart genannt Nithart, wobei Nithart als Beiname nicht der Neidische oder zu Beneidende, sondern eher der Mürrische, Grimmige, Unwirsche oder Streitsüchtige heißen müsste (H. Ziermann, 2001, R. Riepertingen et al, 2002, W. Fraenger, 1995 u.a.). Man nimmt an, dass Grünewald etwa 1480 in Würzburg geboren worden ist, vielleicht aber auch schon zwanzig Jahre früher. Gesichert ist, dass er 1505 in Aschaffenburg eine Werkstatt als Meister besessen hat und sich mehrfach nicht nur als Maler, sondern auch als Ingenieur, Wasserbaumeister und Architekt betätigt hat. Dokumentiert ist z.B., dass Grünewald 1510 «Wasserkunst»-Arbeiten am Brunnenzug auf der Burg Klopp bei Bingen im Auftrag des Mainzer Erzbischofs durchgeführt und 1511 auch Umbauten am erzbischöflichen Schloss in Aschaffenburg geleitet hat.

Außerordentlich aufschlussreich, auch in Bezug auf Denkweise und Lebensumstände Grünewalds, ist der Inhalt der fünf großen Truhen, die Grünewald nach seiner Berufung nach Halle, wo er wiederum als Wassertechniker tätig werden sollte (1526), in Frankfurt zurückgelassen hat. Er starb dann aber schon 1528 in Halle, wahrscheinlich an der dort grassierenden Pestseuche.

Die Truhen enthielten kostbare Kleider (drei rote Hofgewänder, goldgelbe Seidenhosen, goldgestickte Hemden usw.), Ringe, Ketten, Geschmeide aller Art, was darauf schließen lässt, dass Grünewald als angesehener Hofmann bei Fürsten und Bischöfen verkehrt hat. Er hatte beim Mainzer Erzbischof Uriel von Gemmingen einen Anstellungsvertrag, der später von seinem Nachfolger Erzbischof Albrecht von Branden-

Abb. 14: Signatur von Mathis Gothart, Nithart (Grünewald).

burg übernommen wurde. Erzbischof Albrecht von Brandenburg war eine ehrgeizige Persönlichkeit, die viel zur Ausbreitung der Reformationsbewegung (u.a. durch Stimulation der Ablassverkäufe) beigetragen hat. Grünewald hat dem Erzbischof und späteren Kardinal Albrecht von Mainz, mit dem er sich offensichtlich gar nicht verstand, später dennoch mit der großen Bildtafel «Begegnung des heiligen Erasmus mit Mauritius» ein Denkmal gesetzt. Die Dissonanzen mit Kardinal Albrecht können aber auch damit zusammengehangen haben, dass Grünewald sich gegenüber dem Gedankengut Luthers sehr aufgeschlossen gezeigt hat. In seinen hinterlassenen Truhen fanden sich nämlich nicht nur Luthers Bibelübersetzung, sondern auch die 27 Predigten Luthers, die damals in dem gesellschaftlichen Umfeld Grünewalds (Mainz, Würzburg, Aschaffenburg usw.) strengstens verboten waren. Die Existenz einer Schriftrolle «uff eyn geburgen der uffror halben» wird dahingehend gedeutet, dass Grünewald an den Wirrnissen des Jahres 1525 auch selbst beteiligt gewesen ist (W. Fraenger, 1983, 1995). Vielleicht war der Wechsel nach Halle auch eine Art Flucht vor den religiös-fanatischen Auseinandersetzungen, die sich damals im Mainzer Raum abgespielt haben.

In seiner Hinterlassenschaft fand sich auch eine unglaubliche Fülle von Farben, Erden und alchimistischen Pigmenten (neben Malerwerkzeug, Pinsel, Paletten, Reibstein usw.), die in seiner Zeit – auch bei hochrangigen Künstlern – weitestgehend unbekannt waren. Grünewald hat sich die Farben für seine Bilder selbst hergestellt, und zwar in einem erstaunlichen, kaum fassbaren Umfang. Daraus erklärt sich auch die unglaubliche Differenziertheit und Mannigfaltigkeit der Farbnuancierungen in den Bildern, die dadurch zugleich Instrument für die bewusst intendierten spirituellen Darstellungen werden konnten. Nicht nur die Zeitgenossen, auch spätere Künstler und Kritiker haben immer wieder den Farbenreichtum Grünewalds bewundert, der aber nicht nur als quantitativ zu erfassende Vielfalt verstanden werden darf, sondern spirituelle Hintergründe hatte. Die Farben sollten auch Geistiges aussagen, d.h. Symbolcharakter bekommen. Nicht nur der Isenheimer Altar, auch die sog. «Stuppacher Madonna» sind Musterbeispiele dafür, wie Grünewald gerade durch die Nuancierungen der Farben spirituelle Aussagen gemacht hat.

Damit nähern wir uns schon etwas mehr der Geistigkeit Grünewalds selbst. Völlig überraschend für die Protokolleure der Hinterlassenschaft waren einige Gegenstände, die Hinweise auf das Innenleben des Meisters geben können: ein achatenes Paternoster, ein Amulett mit einer Jesusfigur, ein Rosenkranz mit wohlriechenden Bisamkugeln sowie Schriften der schwedischen Mystikerin Birgitta (1303–1373), die Maria als Göttin der Weisheit beschrieben und erlebt hat. Die Darstellung der Maria mit der Flammenkrone auf dem mittleren Bild der zweiten Schauseite des Isenheimer Altars könnte auf diese Imaginationen zurückgehen. Dass Grünewald auch die Symbolbilder der Rosenkreuzer gekannt hat, ist sehr wahrscheinlich, auch wenn in der Hinterlassenschaft keine Hinweise darauf zu finden sind. Die genannten Gegenstände deuten jedenfalls darauf hin, dass Grünewald ein reiches meditatives Leben geführt hat.

Man darf vermuten, dass sich Guersi und Grünewald auf dieser Ebene getroffen und gemeinsam die charakterisierten psychotherapeutischen Ideen für die Altarbilder in Isenheim entwickelt haben. Aber erst durch die Genialität Grünewalds und seine hoch differenzierten Maltechniken konnten diese Ideen dann auch verwirklicht werden.

Die Rosenkreuzer

Die tieferen, esoterischen Quellen für diese Ideen sind wahrscheinlich bei den Rosenkreuzern zu suchen. Dabei handelt es sich um eine geheime Bruderschaft, die im 14. Jahrhundert entstanden ist und auf Christian Rosenkreutz, der von 1378–1484 gelebt hat, zurückgeführt wird (R. Steiner, Berlin 1907, GA 55). Diejenigen Rosenkreuzer, die eine okkulte Schulung durchgemacht hatten, mussten sich verpflichten, ihr Wissen geheim zu halten. Andererseits sollten sie aber auch ihr Wissen der Menschheit zur Verfügung stellen, wenn diese es brauchte, bzw. wenn die Menschen dafür aufnahmefähig geworden waren. Sie durften weder in Kleidung noch im Verhalten als etwas Besonderes in Erscheinung treten, sollten aber stets an die vorhandenen Kulturströmungen anknüpfen, um diese im positiven Sinne zu fördern und voranzubringen.

Rudolf Steiner sagte 1907 (GA 55), dass «die Rosenkreuzer eine der intimsten Geheimbruderschaften [des Mittelalters] waren. Sie hatten strenge Proben und schwere Prüfungen zu bestehen», bevor sie in den Orden aufgenommen wurden. Sie mussten sich dann aber verpflichten, ihre nach intensivster okkulter Schulung gewonnenen Erkenntnisse nur mündlich weiterzugeben. Nach Steiner (1907) sind die »Rosenkreuzer in Wahrheit etwas, was zum Wertvollsten der Menschheit gehört» (GA 97).

In der 1614 anonym erschienenen Schrift *Fama Fraternitatis – oder Entdeckung der Bruderschaft des Hochlöblichen Ordens der R.C.* ist von diesen großen Zielen und Verpflichtungen der Rosenkreuzer nichts zu finden. Etwas vom wahren Wesen des Rosenkreuzertums ist jedoch in dem Buch des evangelischen Theologen Johann Valentin Andreae *Die chymische Hochzeit des Christian Rosenkreutz* zu erkennen, das 1616 erschienen ist. Es stellt die Einweihung eines Menschen dar, der ein Rosenkreuzer geworden ist. Johann Valentin Andreae (1586–1654), der dieses Buch in ganz jungen Jahren – wohl weitgehend aufgrund eigener Einweihungserlebnisse – geschrieben hat, ist in späteren Jahren nicht mehr auf dieses Jugendwerk zurückgekommen. Er ist ein biederer, phantasieloser Superintendent seiner Kirche geworden und hat das Rosenkreuzertum ignoriert. Dennoch hat die *Chymische Hochzeit* zwischen 1614 und 1616 europaweit für Aufsehen gesorgt, weil hier von einer «Generalreformation» die Rede war, die von allen ersehnt wurde und für die jeder Opfer zu bringen bereit gewesen wäre. Berühmte Geister, wie Francis Bacon (1561–1626), Johan Amos Comenius (1592–1620), Giordano Bruno (1548–1600) u.a. schlossen sich den rosenkreuzerischen Ideen an. Auch der Kurfürst Friedrich V. von der Pfalz (1592–1632), der zum böhmischen König gewählt worden war und der deutsche Kaiser Rudolf II. in Prag (1552–1612) hatten auf ihren Schlössern alchimistische Kammern eingerichtet und suchten die rosenkreuzerischen Ideen zu realisieren.

Es entwickelte sich jedoch dann durch massive Gegenkräfte der Dreißigjährige Krieg (1618–1648), der zwar das Mosaik der Konfessionen in Europa nicht entscheidend verändert, aber die politische Situation Europas völlig neu konstituiert hat, was sich letztlich dann auch auf das Denken und Handeln der Menschen selbst auswirkte.

Ein ähnlicher Impuls der Rosenkreuzer, aus spirituellen Erkenntnissen heraus das gesellschaftliche Zusammenleben der Menschen neu (und dann zeitgemäß) zu ordnen, erfolgte in der Französischen Revolution, wo die Ideale Freiheit, Gleichheit und Brüderlichkeit letztlich aus rosenkreuzerischem Geistesgut (z.B. durch den Grafen Saint-Germain u.a.) stammten, aber dann noch nicht sachgemäß verstanden wurden, sodass das Ganze Ideensystem in den napoleonischen Kriegen unterging. Die ersten gedanklichen Ansätze einer funktionellen Dreigliederung der Gesellschaft sind damals geboren worden, aber erst durch Steiner (1920) wurden sie genauer präzisiert. Diese Ideen werden aber heute zunehmend wieder neu diskutiert (vgl. J.W. Rohen, 2006 und 2016).

Noch Goethe hatte von den rosenkreuzerischen Impulsen gewusst. In seinem Gedicht *Die Geheimnisse* erzählt er von einem Pilger «Bruder Markus», der nach langen Wanderungen ein einsames Haus, ein klosterartiges Gebäude findet, in dem eine Versammlung von zwölf Persönlichkeiten lebt, die die Einweihung eines Dreizehnten (Humanus), der sich zu den höchsten Lebens- und Geisteserfahrungen durchgerungen hatte, miterleben. Als Bruder Markus an die Pforte dieses Klosters tritt, leuchtet ihm ein mit Rosen umwundenes Kreuz entgegen. Goethe kannte also dieses uralte Symbol rosenkreuzerischer Einweihung, was er dann auch in den folgenden Versen zum Ausdruck bringt:

> «Doch von ganz neuem Sinn wird er durchdrungen
> wie sich das Bild ihm vor die Augen stellt;
> es steht das Kreuz mit Rosen dicht umschlungen,
> wer hat dem Kreuze Rosen zugesellt?»

Die Rosenkreuzer haben später ihre Symbole und Zeichen auch veröffentlicht. Eine Sammlung von den Tafeln aus dem 16. und 17. Jahrhundert wurde kürzlich in Stuttgart neu herausgebracht (*Die Lehren der Rosenkreuzer*, 2006). Aber im 18. Jahrhundert hatten die Menschen schon den Zugang zur geistigen Welt auf solchen Wegen verloren. Sie waren nicht mehr fähig, hinter den Symbolen geistige Kräfte zu erleben, sodass auch das Verständnis für die Bilderwelt, wie sie sich zum Beispiel im Isenheimer Altar offenbart, rasch verloren gegangen ist.

Grünewald, der wahrscheinlich von 1512–1516 an den Altarbildern gearbeitet hat, sowie auch die damaligen Präzeptoren des Antoniterklosters in Isenheim müssen die rosenkreuzerischen Symbole gekannt haben. Nicht nur, dass ein Kreuz mit einem Feigenbaumzweig sowie Rosen in verschiedenen Entwicklungsstadien auf dem mittleren Marienbild zu sehen sind, viele Symbole und esoterische Grundwahrheiten, die bei den Rosenkreuzern bekannt waren, finden sich auf den Bildern des Isenheimer Altares. Insbesondere die Darstellungen der Menschheitsgeschichte im sog. «Engelskonzert» der zweiten Schauseite unter Einbeziehung der Gegenmächte (Luzifer und Ahriman) gehen auf rosenkreuzerisches Gedankengut zurück. Deswegen kann man dieses geniale Kunstwerk im Grunde nur verstehen, wenn man diese geistesgeschichtlichen Hintergründe mit einbezieht, auch wenn historisch davon bisher nur wenig dokumentiert worden ist.

Der Isenheimer Altar als psychotherapeutisches Kunstwerk

Physiologische Grundlagen der Psychotherapie

Um die psychotherapeutischen Aspekte des Isenheimer Altars zu verstehen, muss man sich zunächst einmal über die physiologischen Grundlagen der Psychotherapie Klarheit verschaffen.

Der menschliche Organismus ist dreigliedrig strukturiert (J. W. Rohen, 2006, 2007, 2009). Im Kopfbereich dominieren Sinnesorgane und Nervensystem. Hier herrscht das tagwache Bewusstsein vor, d.h. das von den Sinnesorganen geprägte Vorstellen. Man könnte sagen, der «obere Mensch» lebt im Vorstellen und Planen. Im Stoffwechsel-Gliedmaßen-System jedoch – im Bereich des «unteren Menschen» – lebt der Wille. Die Energieumsätze in der Muskulatur, die Stoffprozesse im Darmsystem und in den inneren Organen bleiben im Unbewussten. Wir können nur eine Bewegung vorstellen, aber wie sie der Körper durch den gezielten Einsatz seiner materiellen Kräfte zustande bringt, kommt uns nicht zum Bewusstsein. Das Stoffwechsel-Gliedmaßen-System ist die Grundlage des Willens und arbeitet mit den Stoffprozessen, die die Bewusstseinsebene nicht erreichen. So ist auch der untere (dritte) Teil des Nervensystems, das mit diesen Prozessen zu tun hat, das sog. vegetative Nervensystem (z.B. das Sonnengeflecht in der Bauchhöhle), funktionell autonom und bewusstseinsmäßig direkt nicht erreichbar.

Zwischen diesen beiden Polen bildet das Herz-Kreislaufsystem zusammen mit dem Atmungssystem eine ausgleichende Mitte. Hier dominieren die rhythmischen Prozesse (Einatmung, Ausatmung, Herzrhythmus usw.). Einatmung, d.h. das Hineingehen bis in die Stoffprozesse (Inkarnation), Ausatmung, d.h. das Sich-wieder-Lösen aus der Stoffeswelt und Zum-Bewusstsein-Kommen (Exkarnation) bilden damit die Mitte zwischen dem oberen und unteren Menschen. Im «mittleren Menschen» liegt die physiologische Grundlage des Fühlens. Die Zuordnung dieser drei elementaren Funktionssysteme des Menschen zu den drei Seelenkräften (Denken, Fühlen, Wollen) wurde von Rudolf Steiner (1917) entdeckt und erstmals (nach 30-jähriger Forschungsarbeit) im Anhang zu seinem Buch *Von Seelenrätseln* veröffentlicht (GA 21). In der naturwissenschaftlichen und medizinischen Forschung wird heute leider immer noch das gesamte Seelenleben ausschließlich auf die Gehirnfunktionen bezogen.

Die moderne *Psychotherapie* hat zwar verschiedenste Schulen und Theorien entwickelt, basiert aber im Grunde doch auf der psychischen und organischen Dreigliederung des Menschenwesens. Unter dem Aspekt der Strukturtheorie von Sigmund Freud (1923), der in gewisser Hinsicht als Begründer der medizinischen Psychotherapie angesehen werden kann, lassen sich viele Krankheitssymptome als Ausdruck intrapsychischer oder interpersoneller Konflikte verstehen, die sich durch Bewusstmachung unbewusster Ängste und Wünsche psychotherapeutisch günstig beeinflussen lassen. Unter dem Einfluss der modernen Ich-Psychologie (H. Hartmann, 1972) fand eine Neuorientierung der Psychotherapie statt, die nicht mehr so sehr auf die Bewusstmachung des Unbewussten (siehe Freud, C.G. Jung u.a.) ausgerichtet war, sondern die bewusste, vom Ich ausgehende emotionale Bewältigungsorientierung und Abwehrstärkung zum therapeutischen Ziel erhob (W. Wöller und J. Kruse, 2005). Die von Klaus Grawe (2004) definierte Neuropsychotherapie konnte dann sogar nachweisen, dass die vom Therapeuten beim Patienten angeregten Emotionen über die Aktivierung bestimmter Hirnzentren (Mandelkernkomplex, limbisches System und rechter, unterer Stirnhirnbereich) zur Bewusstwerdung der Krankheitsprozesse führen und damit einen Heilungsprozess einleiten können.

Wenn inzwischen auch eine Vielzahl psychotherapeutischer Verfahren entwickelt worden ist, kann man doch heute – grob zusammengefasst – ein dreistufiges Verfahren des behandelnden Arztes bei psychisch

Kranken beschreiben. Diese drei Stufen betreffen in der Regel die drei großen Funktionssysteme des menschlichen Organismus und die mit ihnen zusammenhängenden Ebenen des seelischen Erlebens.

Der *Psychotherapeut* kann bei seiner – meist auch durch Medikamente unterstützten – Behandlung natürlich diese drei seelischen Ebenen nicht gleichzeitig erreichen. Er beginnt in der Regel mit einem orientierenden Gespräch, also in der Bewusstseinsebene. Dieses Gespräch soll die aktuellen Probleme des Kranken ins Bewusstsein heben und die denkerische Auseinandersetzung mit der Erkrankung einleiten.

In der ersten Stufe der psychotherapeutischen Behandlung hält sich der Arzt normalerweise mit Meinungsäußerungen oder Ratschlägen weitgehend zurück. Er will nur (liebevoll und aufmerksam) den Ist-Stand der Erkrankung eruieren. Auch der Patient soll sich seiner Probleme bewusst werden. Es handelt sich zunächst nur um ein Anschauen und Vorstellen der Gegebenheiten (Vorstellungsebene, oberer Mensch).

Die zweite Stufe des psychotherapeutischen Gesprächs geht aber dann bis in die emotionale Ebene (mittlerer Mensch, rhythmisches Funktionssystem des Organismus). Hier bleibt der Therapeut nicht neutral, sondern weckt im Patienten Gefühle und Einsichten. Es kommt zu einem Geben und Nehmen, ein wechselseitiges Mit- und Füreinander. Der Patient wird sich seiner Probleme bewusst, aber erlebt auch den Arzt als Helfer. Durch dieses (für beide Teilnehmer) neuartige Miteinander werden die tieferen Funktionsprozesse des Organismus, vor allem das Herz-Kreislaufsystem, aktiviert und problembezogen erstmalig bewusst erlebbar. Es kann bei beiden Gesprächspartnern zu Überraschungen kommen, die nicht selten auch am Atemrhythmus und der Atmung selbst erkennbar sind.

Die dritte Stufe, bei der vom Arzt meist auch Medikamente zu Hilfe genommen werden, betrifft dann schließlich den «unteren Menschen», das Stoffwechsel-Gliedmaßen-System und den Willensbereich. Hier wird der Mensch gewissermaßen neu geboren. Er bekommt sein Leben bildlich gesprochen «wieder in Griff». Es gibt Psychotherapie-Richtungen, die hier nicht nur Medikamente einsetzen, sondern auch Hypnosen anwenden. Letztlich geht es darum, das Stoffwechselsystem und das damit funktionell eng zusammenhängende, autonom arbeitende vegetative Nervensystem neu zu erschließen, die Blockaden aufzulösen und die Willensnatur des Menschen vom Ich aus wieder zu beleben. Dass dabei auch die Hirnzentren (Stirnhirn, Mandelkern, Hippokampusformation) eine wichtige Rolle spielen, insbesondere durch Bewusstmachung dieser – sonst tief im Unterbewussten ablaufenden – Prozesse, hat neuerdings Klaus Grawe (2004) eindrucksvoll gezeigt. Er spricht daher auch von Neuropsychotherapie und bezieht damit das Nervensystem als Ganzes mit in diese Prozesse ein.

Betrachtet man unter diesen Gesichtspunkten die Dreigliederung des Isenheimer Altars, d.h. die erste, zweite und dritte Altarstufe (Schauseite) nacheinander, so entdeckt man mit Überraschung, dass jede dieser drei Stufen eine andere Erlebnisebene des Menschen anspricht, d.h. dass die drei Altarstufen nacheinander auch im Menschen die drei Funktionssysteme des menschlichen Organismus, den «oberen», «mittleren» und «unteren Menschen» betreffen.

Es ist kaum denkbar, dass die Initiatoren des Altars, vor allem Guersi und Grünewald, dies nicht bewusst intendiert hätten, d.h. dass die gesamte Komposition in dieser Dreigliedrigkeit und der damit gegebenen Beziehung zur Dreigliederung des menschlichen Organismus zufällig entstanden sei. Wenn man zudem dann noch den geistigen Hintergrund der Schöpfer dieses Altares, ihre Beziehungen zum Rosenkreuzertum und zur christlichen Esoterik der damaligen Zeit (z.B. zu den Schriften der Mystikerin Birgitta von Schweden u.a.) in Rechnung stellt, löst sich das Geheimnis dieses großartigen Altarwerkes und kann bis in Details hinein vorsichtig enträtselt werden.

Die erste Altarstufe[1]
(Tafel 1)

Die von den Antonitern in ihrem Isenheimer Stift gepflegten und betreuten Kranken wurden, soviel man heute weiß, nicht unvorbereitet in die Kirche hineingelassen und vor den Altar gestellt. Sie mussten zunächst eine Nacht im Vorraum des Klosters verbringen und eine umfassende Lebensbeichte ablegen. Dann wurden sie – wenn für würdig befunden – durch die Ostpforte in den Altarraum geführt, wo sie nach Empfang der Sakramente und einer rituellen Waschung erstmals den Altar erleben durften, wie das Spath (1997) eingehend beschrieben hat (s. a. S. 27). Es ist anzunehmen, dass man die Kranken, wenn sie einmal in die Klostergemeinschaft aufgenommen waren, später zu den Festzeiten oder zu anderen Gelegenheiten die Dreistufigkeit des Altars erleben ließ, um den Heilungsprozess zu unterstützen.

Die zur Gemeinschaft gehörigen Kranken mussten sich vor Betreten der Kirche am Brunnen des Klosters gründlich reinigen, neue Kleider anlegen, die medikamentösen Behandlungen einschließlich der Salbungen und Einreibungen durchstehen und schließlich – was sicher ein zentraler Punkt in dem ganzen Geschehen gewesen ist – auch bestimmte Gebete, Andachten und vorbereitete Predigten erleben. Der Kranke musste auch, bevor er die Kirche betreten durfte, seinen Gürtel ablegen, um damit ganz rein vor Gott hintreten zu können. Auf dem Marienbild der zweiten Altarstufe sieht man diesen (roten) Gürtel in der Tat auf dem Kinderbett liegen.

Man kann die Menschen der damaligen Zeit, auch wenn das Mittelalter als solches schon vorüber war, in ihrem Denken und Erleben nicht mit den heutigen Menschen vergleichen. Der mittelalterliche Mensch verfügte noch über eine sehr tiefe Glaubensintensität. Das rationale Denken steckte – vergleichsweise gesprochen – noch in den Kinderschuhen. Die Bewusstseinsseele war noch nicht geboren. Die Glaubensinhalte waren noch tief erlebte, ja aufregende Seeleninhalte.

[1] Unter psychotherapeutischen Aspekten stellen die drei Schauseiten aufeinanderfolgende Erlebnisstufen dar. Daher soll im Folgenden anstelle des neutralen Begriffes «Schauseite» der Begriff «Altarstufe» verwendet werden.

Abb. 15: Kreuzigungsbild mit Johannes dem Täufer. (Erste Altarstufe).

Wenn nun der kranke Pilger, der sich oft nicht nur durch Schmerzen und Geschwüre, sondern auch durch das Ausgeschlossensein von der Gesellschaft in abgrundtiefer Verzweiflung befand, vor den Altar geführt wurde und plötzlich den sterbenden Christus mit seinen bluttropfenden Wunden vor Augen hatte, dann muss bei aller Erschütterung auch der Gedanke lebendig geworden sein: Ja, ich bin nicht allein, auch der Christus hat gelitten und ist «in Gott gestorben». Und dann ist der Blick des «Patienten» sicher zuerst auf den neben dem Kreuz stehenden Johannes den Täufer gefallen, der mit seinem erhobenen Zeigefinger auf den Gekreuzigten deutet und sagt: «Er muss wachsen, ich aber abnehmen» (Illum oportet crescere, Me autem minui; Abb. 15). Die Schrift ist deutlich geschrieben und nicht zu übersehen. Auch wenn die Kranken die lateinische Schrift nicht lesen konnten, werden ihnen die Mönche, die ja Latein konnten, die Bedeutung des Textes erklärt haben.

Unser heutiges Denken würde sagen: Aber der Täufer hat doch gar nicht unter dem Kreuz gestanden! Er war doch längst von Herodes Antipas enthauptet worden. Was soll dieser Hinweis? Die Legende erzählt uns, dass Johannes der Täufer, bevor er hingerichtet wurde, den Zeigefinger drohend gegen Herodias und Herodes erhoben habe, um ihnen den Untergang zu prophezeien. Als man dann den Körper des Johannes verbrannte, sei der Zeigefinger unversehrt geblieben.

Jetzt, im Isenheimer Altarbild, erlebt der Kranke plötzlich, dass der überlange, dominierende Zeigefinger des Johannes zu einem prophetischen Hinweis geworden ist: Dieser da, der Christus, ist nicht gestorben wie andere Menschen, sondern er wird auferstehen und das zukünftige Menschsein bestimmen, d.h. die Erlösung der Menschen vorbereiten (Abb. 17). Und dann sieht er zu Füßen des Johannes das Lamm, dessen Blut in einen goldenen Kelch fließt (Abb. 16). Das Lamm, das Symbol des Widder-Zeitalters, das sich opfert, um das neue Zeitalter im Sternbild der Fische vorzubereiten, ist dasselbe Lamm, das auch in der Apokalypse des Johannes das Buch mit den sieben Siegeln hütet und dann Seite für Seite aufschlägt, um die Zukunft der Menschheit zu prophezeien. Das Blut des Lammes ist das neue Blut Christi – nicht das geronnene, dickflüssige, das aus den Wunden des Gekreuzigten fließt. Es wird später die neue Leiblichkeit des Auferstandenen durchströmen,

Abb. 16 (links): Das Lamm, dessen Blut in einen goldenen Kelch fließt. Detail aus dem Kreuzigungsbild. (Erste Altarstufe).

Abb. 17 (rechts): Der prophetische Hinweis Johannes des Täufers.

wenn der goldene Kelch zum Gralskelch geworden ist und die heilende, verjüngende Kraft der Liebe auszustrahlen beginnt. Der Legende nach soll Joseph von Arimathia bei der Kreuzabnahme das Blut Christi in einem goldenen Kelch, den Christus beim Abendmahl benützt hat, gesammelt und diesen nach England gebracht haben, wo er dann zum Gral geworden sei, der den Rittern um König Artus herum Leben und verjüngende Kraft gespendet habe.

Eine andere Überlieferung spricht davon, dass das Gralsgefäß nach Spanien gebracht worden sei, wo die Gralsritter in den Pyrenäen auf dem Erlösungsberg (Montsalvage) eine Tempelburg erbaut hätten. Hier versammelten sich die Gralsritter in regelmäßigen Abständen zu kultischen Handlungen, wobei sie auf mystische Weise durch das in den Gralskelch einströmende Blut Christi gespeist und gestärkt worden seien.

Die Artusritter, die es wohl historisch gegeben hat, haben – wie Steiner einmal erwähnte – wahrscheinlich mehr die seelisch-leibliche Seite des Gralsmysteriums verkörpert. Sie haben in der Welt für das Gute gekämpft und friedensstiftende Impulse in die damals noch wilden germanischen Völker einfließen lassen. Demgegenüber sollen die auf Montsalvach versammelten Gralsritter mehr die übersinnlich-geistige Seite des Gralsmysteriums repräsentiert haben. Ihre Aufgabe bestand wohl mehr darin, durch den Gralskultus die im Schwinden begriffenen Verbindungen zu Christus selbst aufrechtzuerhalten und die Christusimpulse aus der geistigen Welt in die Menschheit einfließen zu lassen.

Wenn Grünewald gleich auf der ersten Schauseite des Altars den Gralskelch, der das Blut des Christus – durch das Lamm symbolisiert – auffängt, so dominierend zu Füßen von Johannes dem Täufer herausgestellt hat, muss er von den spirituellen Hintergründen des Gralsmysteriums gewusst haben. Dadurch wird auch die Geste des Johannes, die auf die kommende Auferstehung Christi hinweist, eindrucksvoll (natürlich nur für den Wissenden) unterstrichen.

Der Mittelteil der ersten Altarstufe ist düster. Das Kreuz steht vor dem verfinsterten Himmel. Mag vielleicht die Sonnenfinsternis schon eingetreten sein und das Erdbeben noch bevorstehen? Die Verzweiflung der unter dem Kreuz stehenden Maria, deren Ohnmacht von Johannes (dem «Jünger, den Jesus lieb hatte») aufgefangen wird, und die ihre Hände ringende, kniende Maria Magdalena mit ihrem Salbentöpfchen, die das ganze Geschehen noch gar nicht fassen kann, mögen auch dem erkrankten Pilger zu Herzen gegangen sein und seelische Erschütterungen erzeugt haben. Aber jetzt wird das Vorstellen wachgerufen und das Denken angeregt. Ist der Christus wirklich tot? Er hat sein Haupt mit der Dornenkrone nur geneigt. Es ist nicht vollständig heruntergefallen. Der (überlange) Querbalken des Kreuzes ist noch frisches Holz, nicht totes, abgestorbenes oder verkohltes Holz – gewissermaßen ein Symbol des Lebens.

In der Predella wird der Leichnam Christi sorgfältig in Tücher gehüllt (Abb. 18). Johannes, Maria und Magdalena beweinen ihn. Aber es ist nur zu deutlich, dass dies nicht das Ende ist. Grünewald hat sich auch hier wieder nicht an die traditionellen Darstellungen gehalten, die Joseph von Arimathia und Simon von Kyrene die Hauptrolle bei der Kreuzabnahme zuschreiben und von der Einbalsamierung des Körpers mit kostbaren Spezereien berichten.

Wiederum wird das Denken, besser das Nachdenken angeregt. Wird hier vielleicht schon die Auferstehung vorbereitet? Ist dieser Leichnam nur ein Übergangsstadium? Wird er hier vielleicht schon für ein neues Geschehen vorbereitet? Dieser Körper sieht ja nicht wirklich tot aus!

Und dann wird der Blick des Kranken zu den Seitenflügeln des Altars gewandert sein. Da steht *Antonius* vor einer dunklen Säule und oben schlägt der Teufel die Butzenscheiben ein (Abb. 12). Und siehe da, der Teufel zeigt an seinem Kopf Auswüchse, die an dieselbe Krankheit erinnern, unter der auch die Pilger zu leiden haben. Und wenn der Blick dann zum gegenüberliegenden Seitenflügel schwenkt, erscheint plötzlich ein Märtyrer, der hl. *Sebastian*, der von «Pestpfeilen» getroffen wurde. Sebastian wurde im Mittelalter als Patron der Pestkranken angesehen. Aber auch dieser Heilige ist nicht tot. Er schreitet vom Podest der Säule herunter – frohen Mutes trotz der in seinen Körper eingedrungenen Pfeile – und erhält von oben die Märtyrerkrone, die die heranschwebenden Engel in den Händen halten (Abb. 11).

Der erkrankte Pilger, der diesen Bildern nach all den medizinischen und körperlichen Vorbereitungen im Antoniterhospiz gegenübersteht und diese Eindrücke im Kopf hin und her bewegt, muss zu der Überzeugung gekommen sein, dass das Leiden, das ihn ergriffen hat, nicht das Ende sein kann. Es gibt eine Rettung! Wenn man nur intensiv genug an die Erlösung glaubt, wenn man dem Christus auf seinem Leidensweg folgt und die Seelenstärke mit Glaube und Liebe aufbringt, kann man auch als einzelner, zunächst hilfloser und kranker Mensch Erlösung von seinen Leiden finden.

Und dann kommt schließlich das Erlebnis der zweiten Altarstufe, wie eine fast unglaubliche Überraschung. Dies ist dann die zweite Stufe des psychotherapeutischen Gespräches, das die Antoniter mit dem Isenheimer Altar in Gang setzen wollten.

Abb. 18: Beweinung (Grablegung) Christi in der Predella der ersten Altarstufe (vgl. Tafel 1).

Die zweite Altarstufe
(Tafel 2)

Der Anblick der vier großen Bilder der zweiten Altarstufe muss auf die Kranken und Pilger nach all ihren Entbehrungen, Schmerzen und Vorbereitungen einen überwältigenden Eindruck gemacht haben. Schon die leuchtenden, hellen Farben, bei denen Rot und strahlendes Gelb dominieren, müssen Begeisterung ausgelöst haben. Wenn dann der Blick von der Verkündigung links zur Auferstehung rechts hinüberwanderte, konnte der Kranke den Wechsel von Hell (Verkündigung) ins Dunkle (Tempel mit Engelskonzert), wieder ins Helle (Maria in leuchtender Landschaft) und wieder ins Dunkle (Auferstehung vor einem Sternenhimmel) – gewissermaßen wie ein Ein- und Ausatmen, wie ein rhythmisches Geschehen erleben.

Analysiert man jetzt noch die jeweils dominierende Linienführung der zentralen Bildelemente, wie das Adolf M. Vogt (1957) getan hat (Abb. 19), dann sieht man, wie die gotischen Bögen der Verkündigungskapelle (Bild I in Abb. 19) beim salomonischen Tempel (Bild II) aufgebrochen werden und nach oben streben, dass beim Bild III (Maria mit dem Kind) aber dann wieder Dreiecksstrukturen mit nach unten weisenden Öffnungen zu sehen sind, bis schließlich bei Bild IV (die Auferstehung) diese Linien in einen nach oben strebenden Kreis, gewissermaßen zur himmelwärts gerichteten Vollendung übergehen. Was hier allein in der Dynamik der Bildarchitektur zu erleben ist, kann nur als ein gewaltiges, kosmisches Einatmen und wieder Ausatmen beschrieben werden. Auch die Farbkombinationen vom Hellen ins Dunkle und wieder ins Helle und Dunkle weisen in die gleiche Richtung.

Das lichte Grün im Hintergrund der Klause von Maria beim Verkündigungsbild mit dem leuchtend gelb-rot gewandeten Engel Gabriel im Vordergrund geht beim nächsten Altarbild in die Dunkelheit (und mystische Geborgenheit) des kleinen salomonischen Tempels über, wo nur der außerhalb sitzende (luziferische) Engel in einem lichtroten, fast

Abb. 19: Bilddynamik in den Altarbildern der zweiten Altarstufe (aus Adolf M. Vogt, 1957).

weißen Gewand dargestellt ist. Beim dritten Altarbild erscheint Maria in einer lichtdurchstrahlten Landschaft von einem leuchtend roten Gewand umhüllt; und in dem letzten Bild schließlich, die Auferstehung Christi darstellend, ist wiederum tiefe Nacht mit Sternen am Himmel. Hier dominieren dann erneut – mit Ausnahme der Christus-Aura – die dunklen Farbtöne (Abb. 20).

Allein schon das erste Erleben der zweiten Altarstufe als Ganzem in ihren wechselnden Farben und Linienbewegungen von Bild zu Bild mag bei dem andächtig davorstehenden oder -liegenden Kranken die Atmung beschleunigt und den Kreislauf angeregt haben. Die stufenweise Wahrnehmung dieser Bildfolgen von links nach rechts wird daher besonders auf das rhythmische System des Organismus, d.h. auf das Atmungs- und Kreislaufsystem, gewirkt und damit einen tief greifenden psychotherapeutischen Heileffekt erzielt haben. Wenn der Kranke zunächst die in leuchtenden Farben dargestellten Engel, dann die friedvoll dasitzende Maria mit dem Jesuskind und schließlich ganz rechts den leuchtenden Auferstandenen in seiner strahlenden Schönheit gesehen hat, wird er unmittelbar eine Stimulation seiner eigenen Lebenskräfte erlebt und damit neue Hoffnung auf die Heilung seines Leidens geschöpft haben.

Die Wunden des Auferstandenen sind noch zu erkennen, aber sie bluten nicht mehr. Aus ihnen strömt Licht, wie auch der ganze frei zum Himmel schwebende Körper von einer leuchtenden Aura, deren Zentrum im Herzen liegt, umgeben ist.

Das Grab ist leer, die Wächter liegen am Boden, geblendet und betäubt. Vergleicht man aber die Aura des Auferstandenen mit derjenigen des Kindes, das in der Mitte des «Engelkonzertes» hinter dem rosa gewandeten Engel zu sehen ist, so entdeckt man mit Überraschung, dass die Farbgebung beider Auren identisch ist: vom strahlenden Gelb über Purpur zum Grün-Violett. Keines der übrigen in diesem Bildteil erscheinenden Geistwesen zeigt eine solche Aura. Daher kann es kein Zufall sein, dass die Aura des Kindes, das dem Betrachter so direkt in die Augen sieht (und gewissermaßen herausfordernd sagt: «Erkennst du mich nicht?»), mit der Aura des Auferstandenen identisch ist (Abb. 21 und 22). Es ist der Christus selbst, der sich aus der geistigen Welt dem Jesuskind nähert und sich in ihm inkarnieren will. Dieser noch ganz kindhafte Christusimpuls ist umgeben von zahlreichen anderen Wesenheiten, die mit der Geburt des Jesuskindes etwas zu tun haben, was wir anschließend noch genauer zu besprechen haben. Aber dass

Abb. 20: Übersicht über die Bilder der zweiten Altarstufe (vgl. Abb. 19). Man beachte vor allem die Dynamik der Farbgebung in der Bildfolge von links nach rechts.

Abb. 21/22: Ausschnitt aus dem Engelskonzert (21) und der Auferstandene (22). Das Kind, das den Betrachter direkt ansieht (roter Pfeil), hat dieselbe Aura wie der Auferstandene. Man beachte links den Engel mit dem Buddhagesicht (weißer Pfeil). (Zweite Altarstufe).

Abb. 23: Deckstein einer Einweihungsstätte aus der Megalith-Zeit (Dolmen of four Maols, County Mayo, Irland).

innerhalb des «Engelkonzertes» die Christus-Aura des Auferstandenen erscheint, ist bisher noch nicht beschrieben worden, obwohl es sich hier um ein für das Verständnis des Christusimpulses in der Menschheitsgeschichte zentrales Thema handelt.[1] Dass die Menschwerdung Christi in der Tat eine sehr lange evolutive Vorgeschichte hat, haben erst die okkulten Forschungen Steiners (1914) gezeigt (GA 152). Danach hat sich die Christuswesenheit schon sehr früh von der geistigen Welt aus mit der Evolution des Menschen verbunden.

Das Auferstehungsbild des Isenheimer Altars offenbart aber noch ein anderes, ebenfalls bisher kaum beachtetes Geheimnis. Mit einer turbulenten Bewegung des Gewandes schwebt der Christus mit erhobenen Händen nach oben. Der Stein des Grabes ist weggewälzt. Der Felsblock, der im Hintergrund zu erkennen ist (Abb. 22), kann unmöglich die auf dem Grab gelegene Platte gewesen sein. Die sogar etwas zu große Deckplatte des Grabes liegt ja schräg neben dem Steinsarg, aus dem noch das mit ätherischen Farben gemalte Gewand in spiralig hochwirbelndem Schwung herausweht. Dieser Felsblock ist zunächst ein Rätsel! Wiederum hat Grünewald an dieser Stelle ein okkultes Symbol eingefügt, das nur die Eingeweihten verstehen konnten. In den Megalithkulturen hat man solche gewaltigen Steinblöcke auf diejenigen «Gräber» gelegt, in denen Einweihungsriten vollzogen worden sind (Abb. 23). Die Einzuweihenden und langfristig vorbereiteten Schüler wurden in ein solches «Grab» gelegt, um dann nach drei Tagen von dem Hierophanten auferweckt zu werden. Während des Einweihungsschlafes erlebten sie unmittelbar die geistige Welt, sodass sie anschließend ihre übersinnlichen Erfahrungen als Priester oder Eingeweihte in die Gesellschaft einbringen konnten (F. Teichmann, 1983, F. Sarwey, 1977, 1983).

Grünewald hat mit dieser ganz ungewöhnlichen und einmaligen Darstellung unzweifelhaft einen Hinweis darauf geben wollen, dass Grablegung und Auferstehung, die ähnlich wie bei der Einweihung in megalithischen Zeiten ebenfalls nach drei Tagen erfolgte, ein Einweihungsvorgang höherer Art gewesen sind. Der Text des Evangeliums sagt auch nicht – wie es die Luther-Übersetzung nahe legt – «er ist am dritten Tag auferstanden», sondern er *wurde* vom Vater auferweckt und ist dann aus dem Grabe auferstanden. Dieser Prozess vollzog sich also

[1] Ich verdanke diesen Hinweis Herrn Hartmut Wittkowsky, Überlingen-Andelshofen (bisher unveröffentlicht).

in zwei Phasen und ist damit wiederum mit den alten Einweihungsriten identisch. Dass dann noch über dem Auferstandenen der Sternenhimmel erglänzt in einer Form, wie er wahrscheinlich am Ostermorgen zur Zeit Christi bestanden haben mag – was E. Blattmann (2005) versucht hat, nachzuweisen (man sieht das Sternbild der Kassiopeia und das der Fische) – zeigt, dass Grünewald hier nicht nur symbolische Bilder zur Anschauung bringen wollte, sondern den realen Auferstehungsprozess, wie er sich wohl im Jahre 33 in Palästina abgespielt hat, darzustellen versucht hat.

Der vor der zweiten Altarstufe stehende leidende und häufig auch verzweifelte Kranke wird beim Anblick dieser Bilder ein tief greifendes Glücksgefühl erlebt haben. Er mag sich gesagt haben: Ja, es gibt eine Überwindung des Todes, eine Erlösung von Schmerz und Leiden! Christus hat es gezeigt und vorgelebt. Er wurde in einen menschlichen Leib hineingeboren und machte die Finsternis und das Leiden dieser Welt mit. Aber er wurde durch die materielle Welt nicht zerstört, sondern hat durch die Kraft der Liebe, die das Blut und den Körper umzuwandeln in der Lage ist, nicht nur sich selbst, sondern auch die Welt erlöst.

Die Bilder der zweiten Altarstufe (Maria mit dem Kind, die Verkündigung durch den Engel Gabriel) haben dem Kranken mit Sicherheit neue Hoffnung, Zuversicht und ein neues Lebensgefühl vermittelt. Sie haben jetzt auf den mittleren Menschen, auf sein rhythmisches System, d.h. auf Atmung, Herz und Blutkreislauf eingewirkt, sodass sich Zirkulation und Lebensgefühl verändert haben und der Glaube an das Positive in der Welt wieder an Boden gewinnen konnte.

Bringt nicht allein der Anblick des Geboren-Werdens, des Kindlichen an sich schon ein Glücksgefühl hervor und weckt Zuversicht, die Lebensprobleme doch irgendwie noch lösen zu können? Wir befinden uns bei dieser Serie von Bildern mit ihren leuchtenden Farben und ihren beseligenden Motiven ganz in der Gefühlswelt. Das reflektierende Denken tritt zurück und die Herzenskräfte (Liebe, Anteilnahme, Hoffnung usw.) beginnen zu dominieren. Dies ist genau dieselbe Situation, die der heutige Psychotherapeut anstrebt, wenn er durch Gespräche und Anteilnahme die Aktivität des Patienten zu wecken und den Heilungsprozess einzuleiten versucht.

 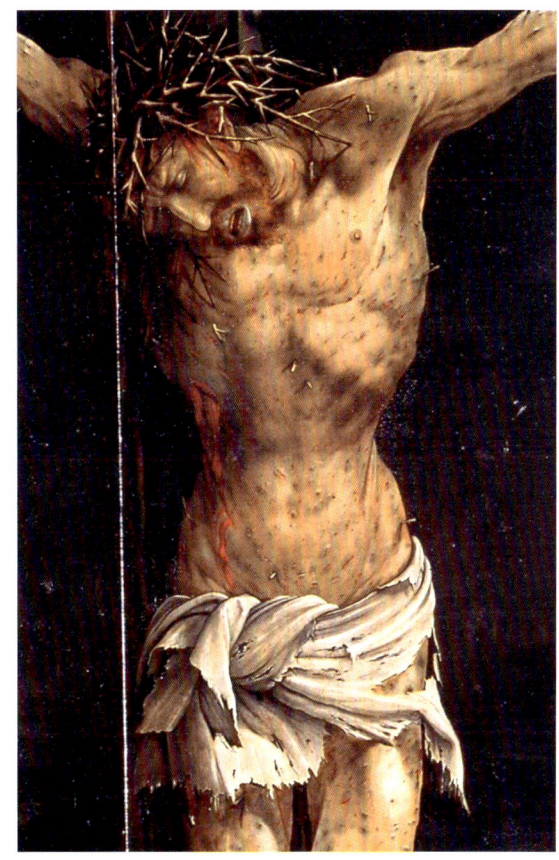

Wenn sich der Blick des kranken Pilgers von der überwältigenden Fülle dieses Auferstehungsbildes gelöst hat und vielleicht dann nochmals hinüberwechselt zum Verkündigungsbild und zu dem mit Engeln und Wesenheiten gefüllten kleinen Tempel, wird er schließlich auf der wie himmlisch thronenden Maria mit ihrem liebevoll in den Armen gehaltenen Jesusknaben ruhen bleiben (Abb. 24, links). Das Jesuskind spielt mit einer rosenkranzähnlichen Perlenkette, dessen Medaillon nur zur Hälfte sichtbar ist. Es trägt aber schon dasselbe zerfetzte Windeltuch, das bereits auf der ersten Altarstufe beim Gekreuzigten als fetziges Lendentuch zu erkennen gewesen war (Abb. 24, rechts). Muss es nicht erschütternd sein, zu sehen, wie diesem Kind schon so früh nach der Geburt sein Schicksal vorgezeichnet ist? Dies ist kein gewöhnliches Kind, das eine «normale» Kindheit und Jugend erleben wird, sondern ein Wesen,

Abb. 24: Vergleich der zerschlissenen Windel des Jesuskindes (links) mit dem in gleicher Weise zerfetzten Lendentuch des Gekreuzigten (rechts). (Zweite Altarstufe).

in dem sich die Strömungen der gesamten Menschheitsentwicklung offenbaren werden.

Jetzt mag der Betrachter plötzlich erahnt haben, was die zahlreichen Wesenheiten, die sich in dem kleinen Tempel aufhalten, bedeuten. Nur der oberflächliche Betrachter kann hier ein Konglomerat von Engelwesen feststellen. In Wirklichkeit hat Grünewald hier tiefste esoterische Erkenntnisse über die Menschheitsentwicklung zur Darstellung gebracht. Und der Betrachter mag sich nun auch erinnert haben, dass schon auf der ersten Altarstufe zwei Säulen zu sehen waren, eine dunkle (hinter Antonius) und eine helle (hinter Sebastian; Abb. 11). Dies sind Bilder von den Säulen, die am Eingang des salomonischen Tempels gestanden haben, Boas und Jachin, die den Baum des Lebens und den der Erkenntnis des Paradieses, unter denen Adam und Eva den Sündenfall erlebten, symbolisieren. Und tatsächlich, bei der zweiten Altarstufe findet man diesen Tempel nun wieder. Er zeigt zwar spätgotische Stilformen, hat aber goldene, berankte Marmorsäulen, einen purpurfarbenen, mit Tressen geschmückten Baldachin und einen dunklen Vorhang am rechten Bildrand. Sollte nicht im salomonischen Tempel der Vorhang des Allerheiligsten zerreißen, wenn Christus aus dem Grabe aufersteht? Auf der linken Säule steht Moses mit den Gesetzestafeln, gewissermaßen auf das mosaische Gesetz hinweisend. Aber der Vorhang ist zur Seite geschoben. Auf dem benachbarten Bild wird Maria mit dem Kind sichtbar. Die Zeit des Alten Testamentes ist vorüber. Manche Autoren deuten auch den grauen tönernen Topf, der zu Füßen der Maria steht und auf dem scheinbar hebräische Schriftzeichen zu erkennen sind, als Symbol dafür, dass hier der Abfall der alten Zeit gesammelt würde, bevor das Neue beginnen könne (R. Mellinkoff, 1988).

Das erstaunlichste und bis heute nicht immer vollständig verstandene Geschehen spielt sich aber innerhalb des kleinen Tempelchens selbst ab. Das sind nicht normale, jubelnde Engelchen, wie sie sonst immer gemalt worden sind. Hier sind die verschiedensten geistigen Wesenheiten mit und ohne Flügel, mit und ohne Aura, mit den unterschiedlichsten Gesten und Gesichtsausdrücken, die keineswegs immer nur Jubel und Freude ausstrahlen, dargestellt. Hier stehen wir vor einem zentralen Geheimnis des ganzen Altarwerkes. Ruth Mellinkoff (1988) hat in ihrer von der University of California Press, Berkeley, herausgegebenen wissenschaftlichen Arbeit, die in der deutschen Fachliteratur merkwürdigerweise weitgehend unbekannt geblieben ist, überzeugend nachgewiesen, dass der links im Hintergrund musizierende Engel alle Attribute des Teufels besitzt *(The Devil at Isenheim)*. Er trägt den (stolzen) Pfauenkranz auf dem Kopf, besitzt ein dunkles Federkleid statt eines Gewandes oder einer menschenähnlichen Haut und spielt auf dem Instrument mit verkrampften Händen und Fingern, die es unvorstellbar erscheinen lassen, dass hier eine wohlklingende, harmonische Melodie erzeugt worden ist (Abb. 25). Attribute dieser Art haben zahlreiche mittelalterliche Künstler, wie Mellinkoff gezeigt hat, immer dem Teufel beigegeben (Abb. 26). Grünewald wollte also offensichtlich zeigen, dass an dem ganzen hier abgebildeten Geschehen auch die Gegenmächte mitgewirkt haben. Interessant ist, dass der «Teufel» weder auf Maria noch auf das Jesuskind, sondern mit einem feinen, vom Auge ausgehenden (allerdings auf Drucken kaum erkennbaren) Lichtstrahl schräg nach oben blickt zur anderen Bildtafel herüber, wo oben Gottvater thront. Ist es nicht, als ob dieser (gefallene) Engel mit seinem erschreckten, erstaunten und verkrampften Gesichtsausdruck – seine Augenbrauen sind nachdenklich («verärgert»?) zusammengezogen – sagen wollte: «Gott, was hast Du vor? Bin nicht *ich* – hier in der irdischen Welt – der Herr?»

Der zweite Engel, der als Einziger gar nicht innerhalb des Tempels musiziert, sondern davor kniet, zeigt ebenfalls eine Handhaltung, die mehr als verkehrt ist. So rückwärts herum kann man keine harmonische, wohlklingende Musik hervorbringen. Das Gewand dieses Engels ist fahlrosa (Abb. 27). Keineswegs das leuchtende Inkarnatrot, das wir beim Engel Gabriel im Verkündigungsbild oder beim Auferstandenen sehen können (Abb. 34 u. 22). Wir wissen aus den Darstellungen Rudolf Steiners, dass die Gegenmächte immer in doppelter Form auftreten, und zwar als Luzifer und Ahriman. Bei der Christusstatue, die Steiner für das erste Goetheanum geschaffen hat, wurde daher auch oben, in der Luft schwebend, Luzifer und unten, an die Erde gefesselt, Ahriman gezeigt. Der Christus ist die Kraft, die zwischen diesen beiden polaren Geisttendenzen die Waage

Abb. 25: Der gefiederte Engel mit Pfauenfedern im «Engelskonzert» (Ahriman). Sein Blick ist auf Gottvater in der benachbarten Altartafel gerichtet (roter Pfeil). (Zweite Altarstufe).

Abb. 26: Links: Satan mit Pfauenfedern (aus Joh. David, Verdicius Christianus, Antwerpen, 1606). Rechts: Satan mit Federkleid und Kopfschmuck (Miniatur aus dem 14. Jahrhundert) (aus R. Mellinkoff, 1988).

Abb. 27: Salomonischer Tempel mit «Engelskonzert». (Zweite Altarstufe).

halten und den harmonisierenden Ausgleich, d.h. letztlich auch die Erlösung der beiden Gegenmächte, bewirken kann. Das, was Grünewald hier im Bild zur Darstellung gebracht hat, war altes Wissen der Rosenkreuzer.

Durch die von Christus ausgehenden Kräfte der Liebe kann der Mensch die Einseitigkeiten der zum Illusionären, Weltabgewandten tendierenden Kräfte Luzifers und der von Ahriman ausgehenden, in die Verdichtung und das Materielle strebenden Kräfte Ahrimans ausgleichen, wodurch letztlich auch diese Mächte erlöst werden. Das hat Grünewald gewusst, denn er fügt diesen beiden «Teufeln» noch einen dritten Engel hinzu, der innerhalb des Tempelchens steht, richtig spielt (!) und ein purpurfarbenes Gewand mit grünen (erdfarbenen) Rändern trägt. Und – wie um die glückliche Wendung dieser ganzen Szene noch zu unterstreichen – ist gerade dieser Engel von kleinen, kindlichen Engelwesen umgeben, die eine leuchtende, inkarnatrote Aura zeigen und ihre Hände demütig und anbetend der Maria entgegenstrecken (Abb. 21 u. 27).

Spath (1991) hat in den «Engelwesen», deren auralose, kleine Köpfe oberhalb der geschilderten großen Engel-Dreiheit zu erkennen sind, einige der Vorfahren Jesu, vor allem die großen biblischen Frauengestalten, z.B. Sarah, Hagar, Lea, Ruben zu identifizieren gesucht. Wie weit jedoch Grünewald hier tatsächlich die Ahnenreihe Jesu darstellen wollte, bleibt zunächst ungeklärt und müsste noch weiter untersucht werden.

Wenn man die soeben beschriebene große, ganz im Vordergrund stehende Engel-Dreiheit in ihrer Bedeutung verstanden hat, mag man vielleicht auch einen Schlüssel für das oben in dem kleinen Tempelchen vor sich gehende Geschehen gefunden haben.

Unter dem leuchtend roten Baldachin sieht man nämlich noch eine dunkle, rundliche Wolke mit mehreren geflügelten Wesen, die keine Aura besitzen, aber verschiedenartigen «Kopfschmuck» zeigen (Abb. 28). Mongolische, asiatische, kindliche Gesichter wechseln sich ab. Mellinkoff hat überzeugend dargelegt, dass die «Flammenkrone», die auf dem Kopf des zentralen Engelwesens in gelblichen Strähnen zu erkennen ist, bei vielen mittelalterlichen Malern, vor allem im 13. und 14. Jahrhundert in England und Frankreich, zur Charakterisierung von Heiden oder Ungläubigen verwendet worden ist (Abb. 29). Links unten ist sogar ein Mongole mit einem Turban zu sehen (Abb. 28).

Abb. 28: Himmlische Wolke mit verschiedensten Engelwesen innerhalb des salomonischen Tempels. Man beachte den Federkopfschmuck (roter Pfeil) bei dem Engel in der Mitte. Links ist ein wie ein Mongole aussehender Engel (weißer Pfeil) zu erkennen. (Zweite Altarstufe).

Abb. 29: Federkopfschmuck von Heiden (Miniaturen aus dem 14. Jahrhundert); (aus R. Mellinkoff, 1988).

Abb. 30: Hirten auf dem Berge (oben) und Schafe auf der Wiese (unten) auf dem Marienbild der Mitteltafel. (Zweite Altarstufe).

Abb. 31: Maria mit dem Jesuskind unter dem gewaltigen Strahlenstrom, der von Gottvater ausgeht. (Zweite Altarstufe).

Wenn also hier nicht nur ein «Engelskonzert», sondern der Werdegang der ganzen Menschheit bis zu Christi Geburt dargestellt werden sollte, dann mag man vielleicht auch verstehen, warum hinter dem «richtig spielenden» dritten Engel mit dem purpurnen Gewand plötzlich ein Wesen mit einem Buddha-Gesicht erscheint (Abb. 21). Es hat schwarze Haare und ein deutliches Chakra-Zeichen auf der Stirn. Die Hände drücken mit einer anbetenden Geste Demut und Verehrung für das Jesuskind aus, das sich in der eben aus dem Tempel herausschreitenden Maria zur Geburt anschickt (Abb. 39).

Wie Rudolf Steiner eindrucksvoll dargelegt hat, hat Buddha tatsächlich bei der Geburt des nathanischen Jesusknaben, die im Lukas-Evangelium geschildert wird, von der geistigen Welt aus an der Inkarnation dieses Wesens mitgewirkt. Die Hirten, die auf dem Felde den Gesang der Engel hören und sich sofort aufmachen, das Jesuskind zu suchen, haben, wie Steiner beschreibt, diese Impulse aus der geistigen Welt in dem Jubelgesang tatsächlich wahrgenommen. Steiner spricht 1909 in seinem Vortragszyklus über das Lukas-Evangelium (GA 114) davon, dass sich in dem Glorienschein, der das neugeborene Jesuskind umstrahlt und den die Hirten wahrgenommen haben, die Kraft des Buddha offenbart habe. Auch die Wesensverwandlung des 12-jährigen Jesusknaben bei der Darstellung im Tempel, die alle anwesenden Priester in staunende Verwunderung versetzt hat, soll nach Steiner durch den Nirmanakaya des Buddha bewirkt worden sein. Der salomonische Jesusknabe sei wenige Jahre später gestorben. Der im Lukas-Evangelium beschriebene Jesusknabe der nathanischen Linie habe bei der Jordantaufe die Inkarnation Christi erfahren und sei drei Jahre später gekreuzigt worden.

Wenn Grünewald hier den Buddha mit dargestellt hat und beim benachbarten Marienbild die Hirten auf dem Berg (Abb. 30 oben; interessanterweise nicht auf einer Wiese, obwohl entfernt Schafe zu sehen sind – Abb. 30 unten) staunend zum Himmel schauen lässt, dann ist sicher, dass er die lukanische Maria gemalt hat (Abb. 31) und nicht diejenige, die im Matthäus-Evangelium geschildert wird. Die Maria des Matthäus-Evangeliums hat Steiner (1909, GA 114) als Mutter des salomonischen Jesusknaben beschrieben. Dass Grünewald von dieser Doppelheit der Jesusgestalten wusste, geht daraus hervor, dass er

Abb. 32: Gottvater mit hellen und dunklen Engelwesen, die bereits das Kreuz Christi herantragen (roter Kreis) (Zweite Altarstufe).

(wahrscheinlich 1519) für den Aschaffenburger Maria-Schnee-Altar die heute in Stuppach aufbewahrte («andere») Madonna geschaffen hat, die nicht nur – in ihren kostbaren, brokatenen Gewändern, mit Schmuck und Edelsteinen versehen – eine ganz andere Erscheinung gewesen ist, sondern auch ein andersartiges Jesuskind, stehend mit einem Paradiesapfel in den Händen, auf dem Schoß hält. Ob die Stuppacher Madonna wirklich für den Maria-Schnee-Altar geschaffen worden ist, wird neuerdings bezweifelt, spielt aber in unserem Zusammenhang keine Rolle. Die Stuppacher Madonna ist jedenfalls eine völlig andere Erscheinung. Das Jesuskind der salomonischen Linie, von dem im Matthäus-Evangelium die Rede ist, starb nach Steiner schon in jungen Jahren. Kreuzigung und Auferstehung hat nur der Jesus der nathanischen Linie, von dem das Lukas-Evangelium berichtet, durchgemacht. Nur, wenn man von diesen von Steiner erforschten Zusammenhängen ausgeht, kann man die Bildfolge des Isenheimer Altares befriedigend verstehen.

Die Darstellung der Maria mit dem Jesuskind beim Isenheimer Altar ist eindeutig auf das Lukas-Evangelium zu beziehen. Und – wie die unglaublich differenzierte Geisterwelt des Tempels zeigt – haben an der Geburt diese Jesuskindes nicht nur die Impulse der gesamten Menschheitsgeschichte, sondern auch die der Widersachermächte (Luzifer und Ahriman) teilgenommen (Abb. 27).

Es gibt einen zwischen 1380 und 1383 von Meister Bertram von Minden geschaffenen Altar,[1] bei dem Gottvater, bevor (!) es zur Schaffung der eigentlichen Erde kommt, die «Teufel», d.h. dunkle und helle Engel vom Himmel nach unten auf einen schwarzen Erdenkloß wirft, während im oben verbleibenden Urbild der Erde das Antlitz Christi noch zu sehen ist, d.h. Christi Geburt auf Erden erst erfolgt, wenn Himmel und Erde mit all ihren Lebewesen geschaffen sind (Abb. 33). Meister Bertram hat also – einer alten esoterischen Tradition folgend – dargestellt, dass an der Entstehung der materiellen Welt letztlich auch die Gegenmächte, die vom Himmel vertrieben worden sind, beteiligt waren. Es gibt wenig mittelalterliche Darstellungen, die diese spirituellen Zusammenhänge der Menschheitsgeschichte so klar zum Ausdruck gebracht haben.

Auch Grünewald lässt beim Isenheimer Altar die vom hoch oben thronenden Gottvater ausschwärmenden Engel nicht nur in lichten,

Abb. 33: Erschaffung der Welt (Altarbild von Meister Bertram, Minden, 1380). Gottvater stürzt rote und schwarze Engel vom Himmel auf die Erde. Das Antlitz von Christus ist noch im Himmel erkennbar.

1 Heute im Hamburger Kunstmuseum großräumig aufgestellt.

rosigen Farben erglänzen. Es sind weiter unten auch dunkle «Engel» zu erkennen, die z. T. in der Schwärze der Wolken verschwinden. Letztlich ist sogar schon das Kreuz bei den himmlischen Heerscharen zu sehen, das dem kleinen Jesusknaben im Arme der Maria (unten) vorherbestimmt ist (Abb. 32) – ein weiterer Hinweis darauf, dass es das lukanische Jesuskind ist, das hier die Maria so liebevoll in den Armen hält.

Links oben auf der Säule steht der Prophet Jesaja mit dem aufgeschlagenen Buch, in dem das schwere Schicksal des Kindes, das wir in der mittleren Altartafel in den Armen der Maria noch fröhlich spielen sehen, prophezeit worden ist.

Jetzt mag dann der Blick des Kranken aus dem Antoniterspital endlich zum linken Altarflügel herübergeglitten sein, auf dem die *Verkündigung des Jesusschicksals* durch den mächtig hereinflutenden Engel Gabriel zur Darstellung gekommen ist (Abb. 34). Die junge Maria, *vor* dem dunkelroten Vorhang sitzend, hat gerade im Alten Testament gelesen. Man kann die Schrift des Bibeltextes auf dem Bild erkennen. Es sind die Worte des Propheten Jesaja (7,14):

> «Ecce virgo concipiet et pariet filium et vocabitur nome eius emanuel ...»
> «Siehe, eine Jungfrau wird empfangen und einen Sohn gebären und wird dessen Namen Emanuel nennen.»

Da erscheint plötzlich der Engel, um dieser Maria zu sagen, dass sie selbst die Auserwählte sein wird. Ihr Erschrecken ist deutlich zu erkennen.

Der vor dem Altar stehende Betrachter bemerkt aber sofort, dass die Ankündigung des Engels keine leeren Worte sind, sondern dass der zur Konzeption und nachfolgenden Geburt strebende Geistkeim in Form einer strahlenden Taube bereits im Gewölbe der Kapelle heranschwebt. Die Taube hat schon den hinteren Raum, der durch grüne Gewölberippen gekennzeichnet ist, durchmessen und befindet sich im Anflug auf den zweiten Raum, der purpurrote Gewölberippen besitzt, was die menschliche Dimension (Purpur ist die Farbe des Blutes) andeutet.

Abb. 34: Verkündigung der Maria mit Engel Gabriel. (Zweite Altarstufe).

Abb. 35: Feigenbaumzweig mit sieben Früchten über dem Kreuz am Ausgang des Gartens (Hortus conclusus) der Maria; die vierte Frucht liegt genau über dem Kreuzungspunkt des Kreuzes. (Zweite Altarstufe)

Auch die die beiden Räume trennenden Vorhänge sind entsprechend grün und purpur.

Der grüne Vorhang ist an fünf Ringen aufgehängt und zurückgeschlagen. Fünf ist die Zahl des Menschen. Das Pentagramm symbolisiert die Ich-Natur des Menschen. Es lässt sich – im Gegensatz zum Sechseck – nicht lückenlos in den Raum ausbreiten. Die sechs grünen Gewölberippen zusammen mit dem goldenen sechseckigen Schlussstein versinnbildlichen die Sechszahl, die eine kosmische Zahl ist. Aus diesem Raum, d.h. vom Kosmos zur Erde, schwebt die Taube, d.h. der Geistkeim des sich in Maria inkarnierenden Jesuskindes, zur Erdenwelt herunter. Hier dominieren dann das Purpurrot des Blutes und die Siebenzahl. Der rote Vorhang ist an zweimal sieben Ringen aufgehängt. Die menschliche Embryonalentwicklung zeigt einen Siebenerrhythmus, den später auch die Wachstums- und Regenerationsvorgänge der Körpergewebe einhalten. Der vordere Raum hat im Gegensatz zum hinteren Raum nur vier purpurrote Gewölberippen. Vier ist die Zahl des Raumes. Das Quadrat symbolisiert die Erdenwelt mit der Dimensionalität des Raumes.

In dieser Bildtafel hat Grünewald also in vielfacher Weise den Inkarnationsvorgang des Menschen symbolisiert. Dies muss sich auch einem Kranken, der kein Latein konnte und keine Bibeltexte studiert hatte, im Betrachten vermittelt haben. Dass das Ganze sich aber nicht nur im Irdischen, sondern auch in der Geistwelt abspielt, zeigt die übergroße, mächtige Engelgestalt mit ihrem wehenden, purpurnen und goldenen Gewand. Der rechte Fuß des Engels berührt schon den Erdboden, aber die Wirbel des Gewandes weisen eindrucksvoll auf die ätherische, nur imaginativ zu erlebende Dynamik des Geschehens hin. Der rechte Mantelzipfel ist hochgeschwungen und zeigt mit seiner Spitze auf die Taube, d.h. den Geistkeim des sich inkarnierenden Wesens. Seine Hand zeigt auf Maria, die auserkoren ist, durch die Geburt Jesu die Menschheit zu retten. Die Augen von Maria sind fast geschlossen. Sie erlebt den Engel in ihrer Seele.

Beim Anblick dieser Szene mag dem ehrfürchtig staunenden, am «Antoniusfeuer» erkrankten Pilger das Herz aufgegangen sein. Auch wenn er die vielfache Symbolsprache dieses Altarbildes nicht bewusst erfassen konnte, wurden durch die Dynamik der Bilder, insbesondere der nur übersinnlich zu verstehenden Engelsgestalt, sicher in seiner Seele die (ätherischen) Lebenskräfte angeregt, was die Heilung seiner Krankheit entscheidend gefördert haben mag. Erneut wurde dem Kranken klar, Jesu Geburt ist nicht nur prophezeit worden (oben steht ja noch Jesaja an der Säule und zeigt auf das Buch), sondern Wirklichkeit geworden. Dann mag der Kranke – wie erlöst – auf die mittlere Bildtafel geblickt haben, wo er beglückt erkennen konnte: Ja, Maria hat das Kind geboren und hält es auf dem Schoß. Gottvater im Himmel sendet seine engeldurchwirkten Lichtstrahlen herunter. Die Hirten erleben staunend den Jubel des Himmels. Auf diesem Marienbild erkennt der Kranke dann aber auch die Utensilien wieder, die von den Antonitern für seine Therapie verwendet worden sind, das Ölkännchen, den Tontopf (für Salben oder Ausscheidungen), die sauberen Tücher des Bettes, die hölzerne Bütte für die Reinigungen, den Massagestein usw. (Abb. 7).

Das *Marienbild* strahlt Frieden aus, beglückenden und ermutigenden Frieden. Maria sitzt in einem Garten, der von einer Mauer umschlossen ist. (Die Mauer ist das Symbol der Jungfräulichkeit (Hortus conclusus)). Aber ein kleiner schmaler Weg führt zu einem Tor, das durch ein Kreuz verschlossen ist (Abb. 35). Exakt durch die Mitte dieses Kreuzes geht ein Zweig des danebenstehenden *Feigenbaumes*. Das Kreuz mit den Rosen oder mit den Blättern des Feigenbaumes ist ein zentrales Symbol rosenkreuzerischer Mystik. In den Mysterienstätten des Altertums saßen die Schüler, wie es vielfach beschrieben worden ist, in tiefer Meditation unter dem Feigenbaum, dessen Lebenskräfte helfen sollten, den Weg in die geistige Welt zu finden. Im Neuen Testament wird eine Szene beschrieben, in der Christus auf dem Wege nach Jerusalem (einen Tag nach dem Erleben des ekstatischen «Hosianna» der Menge am Palmsonntag) den Feigenbaum von Bethphage, einer alten Mysterienstätte, verflucht.

Was wird durch diese Bilder ausgesagt? «Das Sitzen unter dem Feigenbaum» war in den alten Kulturen das Symbol dafür, dass der Meditierende in die geistige Welt entrückt werden sollte. Emil Bock (1981) hat ausgeführt, dass Christus mit seinem Fluch den Jüngern deutlich machen will, dass in Bethphage nur noch die alten Methoden geübt wurden, um durch

Abb. 36: Dornenloser Rosenstrauch neben der Maria mit dem Jesuskind. Man beachte die Rosen in ihren verschiedenen Entwicklungsstadien. (Zweite Altarstufe).

das Meditieren «unter dem Feigenbaum» zu einer leibgebundenen Hellseherkraft zu gelangen. Dies sei aber jetzt – nach dem Erscheinen des Christus in der physischen Welt – nicht mehr zeitgemäß. Der Mensch müsse durch die Verbindung mit den Christuskräften, vor allem durch Liebe und Hingabe, neue Kräfte in sich entwickeln, die dann ihrerseits auch zur Hellsichtigkeit führen könnten, aber jetzt unabhängig von der Leiblichkeit geworden sind.

Der Zweig des Feigenbaumes, der beim mittleren Altarbild über das Kreuz hinwegzieht, hat sieben Früchte, wobei die vierte Feige genau in der Mitte des Kreuzes liegt. Dies sollte wahrscheinlich die sieben Kulturperioden der nachatlantischen Menschheitsentwicklung darstellen. Die vierte Frucht – im Kreuzungspunkt des Kreuzes gelegen – könnte dann den Zeitpunkt in der vierten Kulturperiode symbolisieren, in dem Christus ans Kreuz geschlagen worden ist – wiederum ein Hinweis auf das Schicksal des Jesusknaben in den Armen der Maria, ähnlich wie das zerrissene Lendentuch.

Wenn bei Grünewald der Feigenbaum wieder auftaucht, ist das aber nicht der «Ficus religiosa», unter dem Buddha gesessen hat oder unter dem die Schüler von Bethphage meditiert haben, sondern der Baum der Erkenntnis, der, wie die Rose auch, die Seelenkräfte verlebendigen und höhere Erkenntnisse in der Seele wachrufen kann. Bei den Rosenkreuzern war das Kreuz das Symbol für den physischen Leib, an den die Seele, solange sie auf der Erde lebt, gefesselt ist. Wenn man «dem Kreuz die Rosen beigesellt» (wie Goethe sagte), kann man die beseligenden und befreienden Kräfte des Geistes erleben, die den Meditierenden dann über das rein Todbringende, Irdische hinausheben in eine höhere (eben geistige) Welt. Der Feigenbaum war im Mittelalter auch immer ein Symbol für die Jungfräulichkeit, ebenso wie der geschlossene Garten (Hortus occlusus), in dem Maria sitzt. Aber Grünewald hat der ganz im Vordergrund sitzenden Maria auch die Rosen beigesellt, und zwar nicht als naturalistisch dargestellten üppigen *Rosenstrauch*, sondern als eine Pflanze, die nicht nur keine Dornen besitzt, sondern insgesamt sieben Blüten hervorgebracht hat, die sich jeweils in einem anderen Entwicklungszustand befinden (Abb. 36). Blühend dargestellt sind jedoch nur vier Rosen, wobei eine voll erblüht,

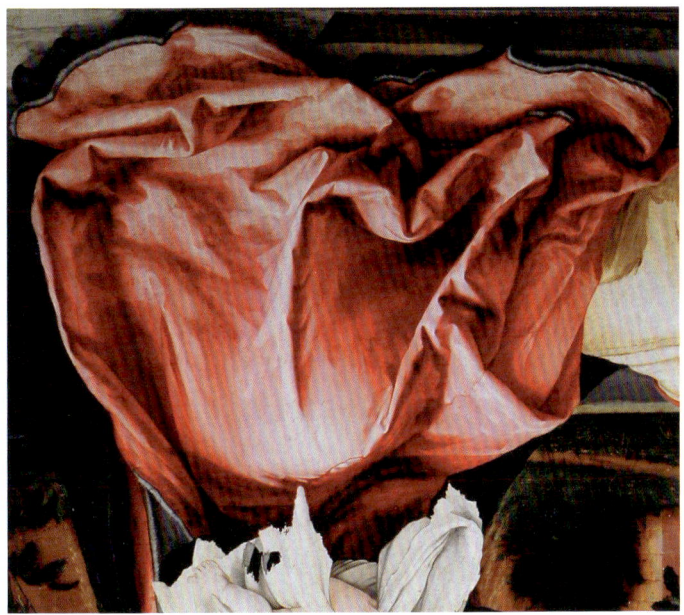

Abb. 37: Das umgedrehte Marienbild zeigt, dass der Rock der Maria die Form einer Rosenblüte besitzt (Zweite Altarstufe).

eine bereits verwelkt ist, eine sich im Aufblühen und eine sich noch ganz im Knospenstadium befindet. Dadurch könnten vielleicht die großen Lebensphasen des Menschen (Kindheit, Jugend, Reife und Alter) symbolisiert worden sein.

Wenn man dann noch bemerkt, dass der wunderschöne, üppige, leuchtend rote Rock der Maria selbst die Form einer Rosenblüte besitzt,[1] wird man zu der Überzeugung kommen, dass dies alles nicht rein zufällig sein kann, sondern bewusst in das Marienbild hineingeheimnisst worden ist. Die Rosenblüten-Symbolik des Marienrockes wird sofort erkennbar, wenn man das Bild um 180° dreht (Abb. 37).

Was hier von den kranken Pilgern erlebt werden sollte, umfasst alle Lebensalter. Wenn man sich der Rosenkreuz-Meditation hingibt, die Rudolf Steiner (1910) in seiner *Geheimwissenschaft* beschreibt (GA 13), weckt man in seiner Seele höhere Kräfte, die nicht nur übersinnliche Erfahrungen ermöglichen, sondern

[1] Diesen Hinweis verdanke ich Prof. K. Meffert, Bonn

Abb. 38: Zwei im Kreis über dem Gebirge schwebende, unterschiedlich alte Engelwesen sind zu erkennen. (Marienbild der zweiten Altarstufe).

auch gesundende Impulse in die Leiblichkeit hineinbringen können.

Auf dem Felsen hinter der Maria sieht man dann auch noch zwei Hirten, die zum Himmel hinaufschauen und die zwei im Kreise fliegenden Engel bestaunen. Der eine Engel ist jung, mit hellem Gewand, der andere alt, mit dunklem Gewand. Der dunkle Engel besitzt sogar einen Bart und lange Haare (Abb. 38). Kann man deutlicher zum Ausdruck bringen, dass hier das Leben in seiner Ganzheit, der «Lebenskreis» insgesamt, dargestellt ist? Das Leben hatte (links) mit der Empfängnis begonnen, dann aber für Christus mit dem Durchgang durch die irdische Existenz zum Kreuzestod, und dann – wie das Bild rechts mit überwältigender Eindringlichkeit zeigt – mit der sieghaften Überwindung der Leibesfesseln zur Auferstehung geführt. Die Hirten überschauen – staunend – mit einem Blick die Gesamtheit des Menschenschicksals.

Nach diesem gewiss erschütternden Erleben mag der am «Antoniusfeuer» erkrankte Pilger den Blick nochmals zurück zum zweiten Bild, nämlich zum salomonischen Tempel, gewendet haben. Hat nicht die dunkel gekleidete *Maria*, die gerade den Tempel verlassen hat und ins Leben treten will, einen rot leuchtenden Strahlenbüschel auf dem Haupte? Und werden ihr nicht gerade von den Engeln oben eine Krone und ein Zepter gebracht? Vielleicht wollte Grünewald hier die Maria, wie sie von der schwedischen Mystikerin Birgitta beschrieben worden ist, als «Königin der Weisheit», die durch ihr Leiden und Opfer die höchste Stufe menschlicher Existenz errungen hat, darstellen (Abb. 39). Vielleicht ist diese Maria aber auch zu einem Symbol der Kirche selbst geworden, wie viele Kunsthistoriker annehmen (W. K. Zülch, 1938, W. Fraenger, 1995, G. Richter, 1997 u.a.), zur

Mater gloriosa und zur Ecclesia, die später zu Füßen Gottes sitzen wird, um als Fürbitterin für die leidende Menschheit zu wirken. Dann könnte die Krone, die die Engel oben schon bereithalten und heruntertragen, in der Tat die zukünftige Tiara und das Zepter des Kirchenoberhauptes bedeuten. Dann könnte auch das Gefäß, das die Engel tragen, ein Salbgefäß darstellen – für eine «himmlische Salbung», – die der Krönung der «Himmelskönigin» vorausgehen muss.

Jedenfalls wird der am «Antoniusfeuer» leidende Pilger diese zweite Altarstufe insgesamt mit überwältigender Hingabe und Freude erlebt haben. Leiden und Auferstehung Christi werden ihm wieder Hoffnung und Zuversicht gegeben haben, die dann, ausgehend von einer Belebung des Kreislaufs und einer Vertiefung der Atmung, d.h. vom mittleren rhythmischen Funktionssystem des Körpers, heilend und kräftigend auf seinen Körper eingewirkt haben. Jetzt war der Kranke vorbereitet, auch die dritte Altarstufe, die von den Antonitern nur zu bestimmten Zeiten gezeigt worden ist, zu erleben. Jetzt mussten die körperlichen Funktionen selbst in Angriff genommen werden, so wie der Psychotherapeut in der dritten großen Behandlungsphase zu Medikamenten oder gar zu Hypnosetechniken greift, um dem Kranken zur Wiederherstellung seiner Gesundheit zu verhelfen.

Man nimmt heute vielfach an, dass die dritte Schauseite des Altars nur den Mönchen selbst vorbehalten gewesen sei. Dies macht aber wenig Sinn, denn der Isenheimer Altar ist ein dreistufiges Gesamtkunstwerk, bei dem gerade die dritte Stufe des Erlebens die tiefsten, wahrscheinlich unmittelbar ins Körperliche eingreifenden Wirkungen hervorgerufen hat (vgl. auch E. Spath, 1997). Dass die dritte Schauseite nur selten gezeigt worden ist, würde diesen Feststellungen nicht widersprechen. Sie war sicher auch für die Mönche selbst, die ja als Therapeuten wirkten, von großer Bedeutung.

Abb. 39: *Maria mit Flammenkrone und Aura verlässt den salomonischen Tempel. (Zweite Altarstufe).*

Abb. 40: Schnitzaltar der dritten Altarstufe des Isenheimer Altars. In der Mitte thront Antonius mit seinem Tau-Stab, links steht ein Bischof, der meist als der hl. Augustinus angesehen wird, und rechts der hl. Hieronymus. In der Predella wurde Christus mit den zwölf Jüngern beim Abendmahl dargestellt.

Die dritte Altarstufe
(Tafel 3)

Überraschenderweise stehen wir hier plötzlich vor einer Bilderwelt, die scheinbar mit dem Leben Jesu, mit Maria oder anderen christlichen Motiven nichts mehr zu tun hat. Viele Autoren haben daher auch diesen angeblichen «Bruch» in der Komposition des Gesamtwerkes kritisiert. Aber man vergisst, dass hier primär kein kultisches, sondern ein therapeutischen Zwecken dienendes Altarwerk geschaffen werden sollte. Auf der dritten Altarstufe kommen wir in eine neue Dimension, nämlich in die Ebene des Körperlich-Physischen. Jetzt soll das Leibliche selbst angesprochen werden, d.h. organisch das Stoffwechsel-Gliedmaßensystem, der «untere Mensch» und damit die Willenssphäre. Hier geht es darum, zu verstehen, wie das seelisch Erlebte in der Körperlichkeit entweder heilend oder zerstörend einwirken kann.

Wenn heute der Psychotherapeut seinen Patienten so weit gebracht hat, dass er die Zusammenhänge durchschaut, die zu seiner Krankheit geführt haben, dann sucht er durch meditative Worte oder schließlich durch Medikamente die körperlichen Prozesse selbst in Richtung einer dauerhaften Heilung zu beeinflussen. Dabei muss immer auch die Autorität und Liebe ausstrahlende Kraft des Arztes selbst eine entscheidende Rolle spielen.

Wenn der kranke Pilger in Isenheim – nach all den vorangegangenen Erlebnissen im Klosterspital und vor dem Altar – jetzt die dritte und letzte Stufe der Altarbilder vor sich gehabt hat, wird er sicher zunächst von der Autorität des hl. Antonius, der «gewissermaßen leibhaftig» in der Mitte des feinst ausgearbeiteten Schnitzwerkes auf einem wie ein Sessel geformten Felsen thront, ergriffen sein (Abb. 40). Zu beiden Seiten stehen in voller Größe links ein Bischof mit Bischofsmütze und Krummstab und rechts der hl. Hieronymus mit seinem Wahrzeichen, dem Löwen.

Zu Füßen des Bischofs ist eine kleine kniende Figur zu sehen (Abb. 41). Diese wird von den meisten Autoren als eine Darstellung des früheren

Abb. 41: Die Bischofsgestalt (hl. Augustinus oder hl. Athanasius?) zur Linken des hl. Antonius, mit Kniendem in anbetender Stellung zu Füßen. (Schnitzaltar der dritten Altarstufe).

Präzeptors des Isenheimer Antoniterklosters, Jean d'Orliac, angesehen, was aber neuerdings bezweifelt wird (E. Spath, 1997). Es fehlen jegliche, den hochrangigen Würdenträger charakterisierende Attribute (Wappen, Kleidung, Antoniter-Kreuz usw.). Spath hält diese Gestalt für einen Antonius verehrenden Konversen.

Ebenso fraglich ist die Gestalt des Bischofs, der in der Literatur durchgehend als der hl. Augustinus bezeichnet wird (Abb. 41). Die Antoniter hatten ja ihre Ordensregeln von Augustinus erhalten, sodass dadurch schon eine gewisse Beziehung zu Antonius gegeben wäre. Allerdings fehlen auch hier alle sonst zur Kennzeichnung von Augustinus verwendeten Attribute. Spath hat daher angenommen, dass es sich bei diesem Bischof um *Athanasius* (295–373) handelt, der in der Tat langjährige Verbindungen mit dem hl. Antonius gehabt hat und in vieler Hinsicht als sein Schüler angesehen werden kann, was von Augustinus, der viel später gelebt und gewirkt hat, nicht gesagt werden kann. Um 325 hat Kaiser Konstantin der Große das erste große Konzil der Christenheit nach Nicäa bei Byzanz einberufen, um den Glaubensstreit zwischen den Arianern und Athanasianern zu schlichten. Hier ging es um die Frage: Ist Christus Gottessohn und daher von Gottvater gezeugt, was Arius und seine Anhänger glaubten, oder ist Christus von Ewigkeit in der Trinität mit Gottvater vereint, was Athanasius und seine Anhänger glaubten? Der Kampf gegen die «Irrlehre» der Arianer wurde in Ägypten damals von den Antonitern sogar mit militärischen Mitteln und nicht nur rhetorisch geführt. Athanasius, der später Patriarch von Alexandrien geworden ist, hat immer auf der Seite des Antonius gestanden und – wie dieser – die Arianer leidenschaftlich bekämpft.

Ein besonders auffälliges Merkmal dieser Bischofsgestalt ist der über den linken Arm herunterhängende Teil des kultischen Gewandes (Cappa oder Pluviale genannt). Ein Priester würde niemals bei einer liturgischen Handlung eine solche Geste machen. Hier sollte also etwas ganz anderes zum Ausdruck gebracht werden. Der Mantelteil hängt über den unten Knienden, wahrscheinlich einen Konversen oder Antoniterpriester, der Antonius um Vergebung bittet und dem Athanasius durch seinen herunterhängenden Mantelteil Schutz gewährt.

Athanasius war etwa 40 Jahre jünger als Antonius (251/2–356). Er hat Antonius immer als seinen Lehrer verehrt und – als sich damals in Ägypten ein rasch aufblühendes Mönchstum entwickelte – als Patriarch von Alexandrien schützend seine Hand über Antonius gehalten, sodass dieser später als «Vater des Mönchstums» überhaupt bezeichnet worden ist. Die Bischofsgestalt hält die Arme gekreuzt, sodass die linke Hand den vorne stehenden Bischofsstab halten und die rechte halb erhoben nach oben zeigen kann. Die ersten drei Finger der rechten Hand tragen Ringe, wovon keiner ein Bischofsring ist. Spath deutet dies als Symbol für die Trinitätslehre, die Athanasius so leidenschaftlich gegenüber Arius bzw. den Arianern seiner Zeit vertreten hat. Auch in diesen Anschauungen stimmte Athanasius mit Antonius überein, der ebenso leidenschaftlich das Arianertum in Oberägypten bekämpft hat.

Die Tiara, die den Kopf des Bischofs schmückt, ist mit Perlen und Edelsteinen verziert, die alle symbolische Bedeutung haben. Die am Unterrand der Tiara angebrachten 40 Perlen wurden z.B. mit den 40 Glaubenssätzen des Athanasius in Zusammenhang gebracht.

Die linke Hand, die den Bischofsstab hält, trägt vier Ringe, wovon einer der traditionelle Bischofsring von Alexandrien ist. Da aber der Patriarch von Alexandrien zugleich die vier nordafrikanischen Kirchenprovinzen regierte, wurden diese vier Ringe als Zeichen für die Oberhoheit über diese vier Regionen gedeutet (E. Spath, 1997).

Es spricht also vieles dafür, dass die Bischofsgestalt im Schnitzaltar nicht Augustinus, sondern Athanasius ist, der ein Leben lang mit Antonius verbunden war und auch von den Antonitern als großer Kirchenvater und Beschützer des hl. Antonius angesehen worden ist.

Rechts von Antonius ist eine kleine kniende Gestalt mit einem Hahn zu sehen (Abb. 42). Der Hahn ist ein Sinnbild der Fruchtbarkeit. Sowohl an der Brust des Hahnes als auch auf dem blutrot gefärbten Gewand des Mannes hat man Reste von Silber entdeckt. Das Silber

Abb. 42: Kniende Gestalt mit einem Hahn zu Füßen des hl. Antonius. (Schnitzaltar der dritten Altarstufe).

Abb. 43: Kniende Gestalt mit dem «Antonius»-Schwein im Arm zu Füßen des hl. Antonius. (Schnitzaltar der dritten Altarstufe).

versinnbildlicht hier, dass der sicher aus vornehmem Hause stammende Mann in seiner Geschlechtlichkeit läuterungsbedürftig und auch -fähig war. Das Silber galt damals als Symbol der Läuterung. Es bleibt offen, ob es sich um einen Erkrankten oder einen «Älterwerdenden» handelt, der als «conversus» in den Antoniterorden eintreten wollte (E. Spath). Nach den 1312 neu gefassten Statuten des Antoniterordens wurden die Ordensangehörigen in drei Gruppen eingeteilt: 1. die Priester, 2. die Laienhelfer, die die Krankenpflege übernahmen und 3. die Konversen, die die einfachen Dienste verrichten mussten. Die Konversen trugen einfache Kleidung, empfingen eine liturgische Weihe, mussten Keuschheit und Gehorsam geloben, lebten aber nicht im Kloster selbst. Spath vermutet, dass der Kniende mit dem Hahn einen solchen, sein ausschweifendes Leben bereuenden, Konversen darstellt.

Ihm gegenüber kniet ein «Hamit», der durch seinen Turban und die ungewöhnlich zusammengestellten Symbolfarben der Kleidung sowie die «Beigabe des weißen Schweins ... als ein Ägypter, der Mohammedaner war und Christ geworden ist», charakterisiert ist (E. Spath; Abb. 43). Er ist wahrscheinlich ein am Antoniusfeuer Erkrankter, der den Betrachter anblickt, als ob er sagen wollte: Seht, ich bin krank, aber der heilige Antonius hat mir geholfen.

Auf der gegenüberliegenden Seite ist *Hieronymus* dargestellt, der ebenfalls wie Antonius lange als Eremit in der Einsamkeit gelebt hat (†420). Er schuf die erste große Fassung der Bibel in lateinischer Sprache, die sog. Vulgata. Er hat als scharfsinniger Denker die christliche Kirchenlehre ebenso wie Athanasius und Augustinus entscheidend mitgeprägt.

Auch wenn der von den Antonitern gepflegte Kranke die kirchengeschichtlichen Zusammenhänge nicht intellektuell erfasst hat, mögen die imponierenden Plastiken der großen Kirchenväter in ihm doch die Überzeugung geweckt haben, dass das, was die Antoniter ihm an Liebe und Zuwendung, aber auch an medizinischem Wissen gegeben haben, eine breite Basis in der Geschichte des Christentums gehabt hat. Der tief verinnerlichte Glaube wurde dadurch zu einer therapeutisch wirkenden Kraft.

Bei der dritten Altarstufe ist die Blickrichtung von rechts nach links, während sie bei der zweiten Stufe umgekehrt von links nach rechts ging. Auch dies wird eine therapeutische Bedeutung gehabt haben.

Schwenkt man also den Blick vom Schnitzaltar in der Mitte herüber zum rechten Altarflügel (vom Betrachter aus gesehen), sieht man gleich vorne in der Ecke in grausiger Realistik einen mit Geschwüren überdeckten Kranken liegen, mit aufgedunsenem Leib und einem nach oben ausgestreckten verkrüppelten Arm, dem die Hand amputiert worden ist. Die rechte Hand klammert sich mit einem Tuch an einen Stapel Bücher (Abb. 6).

Der hl. Antonius liegt am Boden und wird von Teufeln und den verschiedenartigsten Ungeheuern attackiert, an den Haaren gezogen und bedrängt (Abb. 44). Erstaunlicherweise zeigen aber die satanischen Wesen z. T. auch Hautauswüchse oder Geschwüre, wie z.B. der links über dem Kranken abgebildete Teufel oder die ihren Rachen aufsperrenden Ungeheuer in der Mitte (Abb. 46). Aber Antonius wird nicht überwältigt. Er erlebt die Bedrohung und den Schmerz. Jedoch sein Glaube ist stärker als die Dämonen. Seine Hand umklammert den Rosenkranz, der ihm Kraft gibt (Abb. 45). In seiner Not fleht er zum Himmel: «Wo warst Du, guter Jesus? Warum warst Du nicht da, meine Wunden zu heilen?»

Dieser Text steht in lateinischer Sprache auf dem kleinen weißen Zettel, der rechts unten, an einen Baumstamm geheftet, deutlich zu lesen ist: «Ubi eras, bone Jesu? Ubi eras? Quare non affuisti, ut vulnera mea sanares?»

Von Athanasius ist die Legende überliefert, dass nach diesem verzweifelten Hilferuf des Antonius aus dem Himmel die Antwort ertönte: «Antonius, ich war hier, aber ich wartete, deinem Kampf zuzuschauen. Weil du standgehalten hast, werde ich dir stets ein Helfer sein und machen, dass dein Name allerorten gefeiert werde.» Darauf erhob sich Antonius, unversehrt und erstarkt, sah den Himmel aufgerissen und Engel herniederfahren, die die Dämonen vertrieben und dem Spuk ein Ende bereiteten (G. Richter, 1997).

Grünewald hat auf diesem Altarbild zwar nicht Christus als den im Himmel thronenden Retter dargestellt, sondern Gottvater selbst, aber

Abb. 44: Die Versuchung des Antonius.
(Dritte Altarstufe).

man sieht, dass die Engel, vor allem der Erzengel Michael (links oben) mit seinem Licht ausstrahlenden Speer, schon die Oberhand über die Dämonen gewonnen haben. Das verkohlte Haus stürzt ein, die bösen Geister fallen herunter und verlieren ihre Waffen. Die lichtdurchflutete Geisteswelt bleibt letztlich Sieger (Abb. 47).

Abb. 45 (links): Antonius umklammert den Rosenkranz. (Ausschnittvergrößerung aus Abb. 44)

Abb. 46 (rechts): Teufel mit Geschwüren am Arm. (Ausschnitt aus Abb. 44).

Jetzt wird der Blick dann auch zur linken Bildtafel herübergeschwenkt sein und nach den durch das rechte Bild erweckten Aufregungen den himmlischen Frieden einer vollendeten Welt in sich aufnehmen können. Hier wird nun die Psychotherapie voll wirksam – gesundend und aufbauend bis in die Körperlichkeit hinein. Der hl. Antonius sitzt gesund und voller Ergebung in der «Wüste» dem Eremiten Paulus von Theben gegenüber, in lebhaftem Gespräch über Glaubensfragen und Christentum (wie die Legende erzählt). Auf der Seite des Antonius herrscht noch der Tod, die Bäume sind abgestorben, der Felsen ist kahl, aber auf der Seite des Paulus ist Leben. Die Palme trägt Früchte, im Hintergrund sieht man einen See und einen friedlich äsenden Hirsch. Zu Füßen des Paulus liegt hingebungsvoll ein junger Hirsch, und links von ihm erkennt man ein strömendes Wasser. Paulus selbst ist nur spärlich bekleidet, erscheint aber, obwohl schon über 100 Jahre alt, gesund, voller Leben und geistiger Aktivität (Abb. 48). Seine Hand weist nach oben, und wenn man seinen Blicken folgt, sieht man einen Vogel vom Himmel herabschweben, der ein doppeltes Brot im Schnabel hält, eine Hälfte für Antonius, die andere für Paulus. Dies

Abb. 47: Michael (gold-leuchtend) siegt über die schwarzen Teufel. Das Haus bricht zusammen. (Dritte Altarstufe).

ist also die himmlische (kosmische) Ernährung, die dem Eremiten regelmäßig zuteil wird und ihn – auch in der Kargheit der Wüste – gesund am Leben erhält. Paulus, durch die meditative Geistigkeit, die er sich errungen hat, verfügt auch über das Wissen, die zahlreichen Heilpflanzen, die vorne im Bild zur Darstellung gekommen sind, zu Arzneimitteln zu machen und damit nicht nur seelische, sondern auch körperliche Leiden erfolgreich zu behandeln (Abb. 49).

Spätestens beim Anblick dieser Altartafel muss der am «Antoniusfeuer» Erkrankte bis in seinen Körper hinein gespürt haben, dass bei den Antonitern ein Wissen vorhanden ist, das ihm helfen kann, seine fürchterliche Krankheit zu überwinden. Vielleicht konnte er dann auch nach einer am Altar vollzogenen Messe zur heiligen Kommunion gehen und die Hostie empfangen. Erschüttert wird er dabei vielleicht an das Brot des Himmels gedacht haben, das Antonius und Paulus vom Himmelsvogel gebracht worden ist und durch das diesen beiden Heiligen die erhaltenden und verjüngenden Lebenskräfte Christi zuteil wurden.

Abb. 48: Gespräch zwischen Antonius (links) und Paulus von Theben (rechts) in der Wüste. Der Vogel bringt die himmlische Nahrung. (Dritte Altarstufe).

Abb. 49: Heilkräuter unterhalb des Sitzes von Paulus. (Dritte Altarstufe)

Die Intensität des Glaubens dieser noch halb mittelalterlichen Menschen mag real dazu beigetragen haben, dass nicht nur die heilige Kommunion, sondern auch die Erlebnisse, die durch diese letzten Altarbilder geweckt worden sind, eine starke gesundende Wirkung auf die organischen Krankheitsprozesse ausüben konnten. Hier ist eine neue Dimension erschlossen worden. Wir befinden uns nicht mehr im rein Seelischen, sondern im Physischen selbst.

Das machen auch die schon erwähnten völlig naturgetreu dargestellten Pflanzen deutlich, die selbstverständlich niemals in der Wüste hätten wachsen können, die aber Heilpflanzen sind und von den Antonitern für ihre Salben und Tinkturen verwendet wurden (Abb. 49; siehe auch M. Schubert, 2007). Wiederum wird dem Kranken zum Bewusstsein gekommen sein: Ja, die Antoniter haben ein medizinisches Wissen. Die beiden Heiligen, die auf dem Altarbild zu sehen sind, haben ihnen dieses Wissen geschenkt, sodass sie die Kranken behandeln und letztlich auch gesund machen konnten.

Man kann nicht alle abgebildeten Pflanzen genau identifizieren, aber der Großteil ist – auch wegen der präzisen Darstellung – doch botanisch zu bestimmen, wie W. Kühn (1948) in Zusammenarbeit mit dem

Botaniker Prof. Issler (Colmar) nachgewiesen hat. Die meisten der dargestellten Pflanzen kommen zwar wild im Oberelsass vor, bilden jedoch in der Natur keine ökologische Gemeinschaft. Einige lieben feuchte, andere trockene Böden. Dass diese Pflanzen nicht in einem Wüstenklima gedeihen können, wie es das Altarbild zu zeigen scheint, ist offenkundig. Der Kranke sieht also deutlich: Dies alles hat mit seiner Krankheit zu tun und ist nicht nur fromme, religiöse Allegorie.

Bei den dargestellten Pflanzen handelt es sich wahrscheinlich um
– Breitwegerich (Plantago major)
– Eisenkraut (Verbena officinalis)
– Spitzwegerich (Plantago lanceolata)

Diese drei sind interessanterweise links bei dem Wappen Guido Guersis unterhalb von Antonius vor dem Felsen – also im Hellen – abgebildet (Abb. 50), während die anderen Pflanzen rechts, mehr im Dunkeln, bei Paulus zu sehen sind (Abb. 49). Diese etwas zahlreichere Gruppe besteht aus:
– Kreuzenzian (Gentiana cruciata)
– Weißer Schwalbenwurz (Vincetoxicum off.)
– Saatmohn (Papaver dubium)
– Ehrenpreis (Veronica teucrinum)
– Weißklee (Trifolium repens)
– Zwei Hahnenfußgewächse (Ranunculus bulbosus und aconitifolius)
– Buschwindröschen (Anemone sylvestris)
– wahrscheinlich eine Taubnesselart
– sowie drei nicht näher zu identifizierende Pflanzen aus der Familie der Süßgräser (Poaceae)[1]

(W. Kühn, 1948, G. Scheja, 1969, M. Schubert, 2007).
Die Darstellung der drei Heilpflanzen links bei Antonius «im Hellen» lässt vermuten, dass es mit diesen eine besondere Bewandtnis hatte. Man nimmt an, dass sie vielleicht vornehmlich Bestandteile des Antoniusbalsams waren. Was für eine Bedeutung haben aber dann die anderen Pflanzen, die unter dem hl. Paulus dargestellt sind? Es besteht heute kein Zweifel, dass sie alle auch schon im Mittelalter ausgewiesene Heil- und Behandlungsmittel gewesen sind. Die meisten besitzen wärmende

[1] Zusammenstellung nach Dr. Jörg Sieger, Bruchsal

und durchblutungsfördernde Eigenschaften. Im Endstadium der Erkrankung, die häufig mit Amputationen endete, waren diese Mittel jedoch, nicht zuletzt wegen der Verblutungsgefahr, ungeeignet. Wahrscheinlich sind Säfte und Tinkturen aus diesen Heilpflanzen aber in den Frühstadien der Erkrankungen verwendet worden. Die Antoniter haben ja auch regelmäßig Fahrten durch die benachbarten Ortschaften unternommen und dabei Früherkrankte mit ihren Mitteln behandelt. Letztlich wissen wir nicht, welche Therapien konkret zur Anwendung gekommen sind.

Mit Sicherheit aber kannte der Kranke, der vor diesem Altarbild gestanden hat, diese Heilkräuter aus dem Elsass. Wahrscheinlich hatte er zu Hause viele von ihnen schon verwendet – für Kräutertees oder für Verbände bei offenen Wunden, wozu im Mittelalter z.B. häufig die Blätter des Wegerichs benutzt worden sind.

Das Altarbild mit den Heilkräutern im Vordergrund strahlt eine tiefgreifende Ruhe aus. Paulus mit seinen erhobenen Händen, zu Füßen der Palme sitzend – die Palme ein Sinnbild der selig machenden Gnade – scheint Gottes Segen herabzuflehen und ihn durch den Empfang des vom Vogel gebrachten himmlischen Brotes auch im Irdischen wirksam werden zu lassen.

Die Dynamik der letzten beiden großen Altarbilder ist ungeheuer. Rechts die düstere, aufregende Versuchung, links die helle, Erlösung verheißende Ruhe des Paulus in der Wüste. Die Polarität zwischen Übel und Heil, Finsternis und Licht, Krankheit und Gesundheit kann hier unmittelbar erlebt werden.

Nicht nur der Anblick der Heilkräuter, auch die vom Himmel heruntergetragene Nahrung in Form des (heiligen) Brotes wird dem vom «Antoniusfeuer» Befallenen Hoffnung und Zuversicht gegeben haben, selbst auch dieser «himmlischen Speisung» teilhaftig werden zu können, wenn er nur intensiv genug die Glaubenskräfte in seiner Seele aktivieren würde.

Es darf aber – abschließend – nicht vergessen werden, dass der Isenheimer Altar selbstverständlich auch für die Mönche, die ja zum Teil auch Ärzte waren, von großer Bedeutung gewesen sein muss. Sie hatten viel mit der Betreuung und Pflege der Kranken zu tun und mussten sich in der Ruhe und Geborgenheit der Kirche, sicher sehr oft auch – still vor

Abb. 50: *Wappen von Guido Guersi mit Heilkräutern.*

dem Altar sitzend – erholen, um neue Kräfte für ihre Arbeit sammeln zu können. Es wird im Tagesplan der Mönche spezielle Andachtsstunden vor dem Altar gegeben haben sowie auch Messen, die mit einer gemeinsamen Kommunion endeten. Vielleicht wurden dabei auch spezielle Ansprachen und Predigten abgehalten, für die die Autorität der beiden auf der letzten Bildtafel abgebildeten Heiligen sicher auch eine entscheidende Bedeutung gehabt hat.

Vielleicht kann man aus diesem Hintergrund heraus auch verstehen, dass wahrscheinlich die Gesichter von Paulus und Antonius Porträts der beiden Schöpfer des Altars, nämlich Grünewald selbst (als Paulus; Abb. 52) und Guido Guersi (als Antonius; Abb. 51) gewesen sind. Guido Guersi kann durch das zu Füßen des Antonius abgebildete *Wappen* identifiziert werden (Abb. 50).

Guersi hat sein Familienwappen an mehreren Stellen des Klosters und der zugehörigen Kirche in verschiedener Form anbringen lassen. Die auf den Altarbild wiedergegebene, stark modifizierte Fassung geht sicher auf Grünewald zurück, der – natürlich im Einvernehmen mit Guersi – in dieses Wappen an dieser Stelle auch noch einige symbolträchtige Aussagen hineingeheimnisst hat. Besonders die beiden halbierten goldenen *Lilien*

Abb. 51: *Antonius mit Paulus im Gespräch. Grünewald hat hier den Präzeptor des Antoniterklosters, Guido Guersi, porträtiert. (Dritte Altarstufe).*

im stammartigen Teil des Wappens – sozusagen außerhalb des eigentlichen Familienwappens – zeigen, dass hier noch anderes angedeutet werden sollte. Nach Spath (1997) symbolisieren die beiden Lilienhälften am Wappenstamm die beiden Urgestalten des Mönchstums, Paulus und Antonius, die oben im Gespräch miteinander abgebildet sind und zusammen (brüderlich) das himmlische Brot teilen. Die halbierten Lilien sollen gewissermaßen das Einssein der beiden Väter des Mönchstums im Geiste Christi den Antonitern vor Augen führen.

Die Lilie galt ja in den uralten Kulturen immer als Symbol der vollkommenen Liebe, die in der Vereinigung von Gott und Mensch gipfelt. Dies wurde dann später auch auf Christus und vor allem auf Maria, die Mutter Christi, übertragen. Die acht neben dem (Andreas-) Kreuz abgebildeten goldenen (!) Lilien symbolisieren darüber hinaus dann nach Spath die acht Kanoniker, die den Kern der Isenheimer Präzeptorei bildeten. In Isenheim war der Präzeptor der erste der acht Kanoniker. «Seine» Lilie ist unter dem roten Kreuz besonders ins Auge springend, d.h. zentral dargestellt. Das X-förmige Kreuz des Wappens symbolisiert Christus, der am Kreuze sein Blut für die Menschheit vergossen hat (daher die rote Farbe des Kreuzes).

Die fünf *Muscheln*, die auf dem Kreuz liegen, stellen Pilgermuscheln dar, wie sie auch auf dem Familienwappen der Guersis vorkommen. Hier werden sie aber auch zum Symbol für die Antoniter-Gemeinschaft selbst, die sich dem Kranken- und Pilgerdienst gewidmet hatten. Dies wird noch unterstrichen durch die beiden Blütenstängel der Breitwegerich-Pflanze, die das Wappen und vor allem die Pilgermuscheln überdecken.

Ob sich auf der Bildtafel Grünewald als Paulus (Abb. 52) porträtiert hat, ist umstritten. Man sagt, der Maler könne sich doch nicht selbst als Eingeweihten und Lehrer des Antonius hier abbilden. Aber wenn man Selbstbildnisse von Grünewald betrachtet, wie z.B. die in der Erlanger Universitätsbibliothek vorhandene Zeichnung (Abb. 53), ist die Ähnlichkeit überraschend. Paulus erscheint auf dem Altarbild auch nicht als höher stehender Lehrer

des Antonius, sie teilen das Brot (die himmlische Nahrung) zu gleichen Teilen, sie führen ein Gespräch auf gleicher (geistiger) Ebene, sie sind beide Heilige im Sinne der frühchristlichen Kirche. Der vor dem Altar stehende Betrachter wird beide in gleicher Weise verehrt haben. Grünewald hat seine Bilder selten signiert. Viele seiner Werke sind umstritten. Dass er sich mit dem Isenheimer Altar in tiefster Seele verbunden hat, dass hier esoterisches Wissen hineingeheimnisst worden ist, dass er sich mit Guido Guersi in tiefster Seele verbunden fühlte, ist unbestritten. Warum sollten sie sich nicht auch persönlich auf der letzten Altarstufe zu erkennen gegeben haben, um damit gewissermaßen auch ihre «Unterschrift» unter das Ganze zu setzen. Sie haben damit in gewisser Weise auch ihre spirituelle Verantwortlichkeit dokumentiert.

Die Legende erzählt, dass Antonius und Paulus anfangs gestritten hätten, wer das vom Himmel kommende Brot zuerst brechen und segnen solle. Sie hätten sich dann geeinigt, es beide zur gleichen Zeit zu tun.

Abb. 52 (links): Paulus von Theben im Gespräch mit Antonius – wahrscheinlich ein Selbstporträt von Grünewald. (Dritte Altarstufe).

Abb. 53 (rechts): Selbstbildnis von Grünewald. (Im Archiv der Universitätsbibliothek Erlangen).

Auch daraus geht hervor, dass man beide immer als gleichrangig und gleichwertig angesehen hat. Paulus erscheint auch nicht als Lehrender oder gar Segnender, sondern er erhebt seine Hand und erbittet mit dieser Geste gewissermaßen die vom Himmel kommende Speise, die beiden (keineswegs zunächst nur für einen der beiden) bestimmt ist. Dafür, dass sich Grünewald hier als Eingeweihter dem Antonius (mit Hochmut und Stolz) gegenüber gestellt habe, lässt sich aus der Bilddarstellung selbst mit Sicherheit kein Anhalt gewinnen. Die beiden Heiligen sind gleichwertig und tief gläubig in ein Gespräch vertieft, was jedem Betrachter sofort klar wird. Dass sich hier die beiden Schöpfer des Altars verewigt haben, ist eigentlich sehr wahrscheinlich.

Schlussbetrachtungen

Jetzt – ganz zum Schluss – wird der Blick der am Antoniusfieber Erkrankten vielleicht auch noch auf die *Predella* gefallen sein, wo Christus mit seinen zwölf Jüngern das Abendmahl feiert (Abb. 40). Heißt es nicht hier: Was ihr zu euch nehmt, ist mein Leib und mein Blut. Auch wenn diese letzten kleinen Schnitzwerke in der Predella, die von einem unbedeutenden Künstler hergestellt worden sind, keine hochrangigen Kunstwerke darstellen, bilden sie doch einen würdigen Abschluss des gesamten Altarwerkes, dessen zentrales Motiv ja gerade die bis ins Substanzielle gehende Umwandlung der Leiblichkeit des Menschen durch die erlösenden Kräfte des Christuswesens ist. Der kranke Pilger mag nochmals zurückblicken und sich sagen: Ja, Christus musste auch leiden. Er ist durch Geburt und einen schmerzvollen Tod hindurchgegangen. Aber er ist dann auferstanden und strahlt jetzt seine Kräfte der Liebe und der heilenden Erneuerung aus der geistigen Welt auf uns nieder. Durch die heilige Kommunion können wir uns mit diesen Kräften verbinden.

Auch wenn an dem Isenheimer Altar verschiedene Künstler mitgewirkt haben und mit Sicherheit der Ordenspräzeptor Guido Guersi esoterische Impulse in die Gesamtgestaltung hat mit einfließen lassen, hat Grünewald letztlich ein Gesamtkunstwerk geschaffen, das in dieser Form einmalig ist und die unglaubliche Genialität dieses Malers beweist. Wenn man den therapeutischen Aspekten konsequent durch alle Altarstufen hindurch bis zu den Schnitzwerken folgt, ist man überwältigt von der logischen Konsequenz und der Überzeugungskraft, die dieses Kunstwerk auch heute noch – nach 500 Jahren – auf den Betrachter ausübt.

Literatur

Bayer, Hans-Wolfgang / Mischlewski, Adalbert: *Führer durch das Antoniter-Museum.* Memmingen 1998.

Behling, Lottlisa: *Matthias Grünewald.* Verlag Hans Köster, Königstein i. Taunus 1969.

Blattmann, Elke: *Der Sternenhimmel und der Isenheimer Altar.* Verlag J. M. Mayer, Stuttgart 2005.

Bock, Emil: *Die drei Jahre.* Verlag Urachhaus, Stuttgart 1981.

Brumter, Michèle: *Der Isenheimer Altar.* Editions Ouest France, Rennes 1984.

Die Lehren der Rosenkreuzer aus dem 16ten und 17ten Jahrhundert oder einfältig ABC-Büchlein für junge Schüler, so sich täglich fleissig üben in der Schule des H. Geistes. Verlag Engel & Co., Stuttgart 2006.

Edighoffer, Roland: *Die Rosenkreuzer.* C.H. Beck-Verlag, 2. Aufl 2002, München 1995.

Feuerstein, Heinrich: *Matthias Grünewald.* Bonn 1930.

Fränger, Wilhelm: *Matthias Grünewald.* München 1983, 1995.

Grawe, Klaus: *Neuropsychotherapie.* Hogrefe-Verlag, Göttingen 2004.

Grünewald, Matthias, *Der Isenheimer Altar, Einführung.* Eberhard Ruhmer. Piper & Co, München 1979.

Hartmann, Heinz: *Ich-Psychologie.* Klett Verlag, Stuttgart 1972.

Hayum, Andrée: *The Isenheim Altarpiece. God's Medicine and the Painter's Vision.* Princeton New Jersey 1989.

Kehl, Anton: *Grünewald-Forschungen.* Ph. C. W. Schmidt Verlag, Neustadt an der Aisch 1964.

Kühn, Wolfgang: *Grünewalds Isenheimer Altar als Darstellung mittelalterlicher Heilkräuter. Kosmos,* 44. Jg., Heft 12, 1948.

Ladwein, Michael: *Leonardo, Das Abendmahl, Weltendrama und Erlösungstat.* Pforte Verlag, Dornach, Schweiz 2004.

Matthews, John: *Der Gral. Die Suche nach dem Ewigen.* Insel Verlag, Frankfurt 1981.

Meister Bertram von Minden, Der Hochaltar von Sankt Petri, Hamburg (Grabower Altar), Text Hella Krause-Zimmer. Raffael Verlag, Ittingen, Schweiz.

Mellinkoff, Ruth: *The Devil at Isenheim, Reflections of popular belief in Grünewald's Altarpiece.* University of California Press, Berkeley 1988.

Mischlewski, Adalbert: Grundzüge der Geschichte des Antoniter-Ordens bis zum Ausgang des 15. Jahrhunderts. In: *Bonner Beiträge zur Kirchengeschichte*, Nr. 8: 30 ff. Köln/Wien 1976.

Richter, Gottfried: *Der Isenheimer Altar*. Verlag Urachhaus, Stuttgart 1997.

Riepertingen, R., Brockhoff, E., Heinemann, K. u. Schumann, J. (Hrsg.): *Das Rätsel Grünewald*. Theiss Verlag, Stuttgart 2002.

Rohen, Johannes W.: *Die funktionale Struktur von Mensch und Gesellschaft. Elementare Funktionsprinzipien im menschlichen und sozialen Organismus*. Verlag Freies Geistesleben, Stuttgart 2006.

Rohen, Johannes W.: *Functional Morphology. The Dynamic Wholeness of the Human Organism*. Adonis Press, Hilsdale, New York 2007.

Rohen, Johannes W.: *Eine funktionelle und spirituelle Anthropologie*. Verlag Freies Geistesleben, Stuttgart 2009.

Rohen, Johannes W., Yokochi, Chihiro, Lütjen-Drecoll, Elke: *Anatomie. Der fotografische Atlas der systematischen und topografischen Anatomie des Menschen*. Schattauer Verlag, 8. Aufl., Stuttgart 2015.

Rohen, Johannes W.: *Morphologie des menschlichen Organismus – Eine goetheanistische Gestaltlehre*. Verlag Freies Geistesleben, 4. Aufl., Stuttgart 2016.

Saran, Bernhard: *Matthias Grünewald, Mensch und Weltbild*. München 1972.

Sarwey, Franziska: *Grünewald-Studien. Zur Realsymbolik des Isenheimer Altars*. Stuttgart 1977, 1983.

Scheja, Georg: *Der Isenheimer Altar des Matthias Grünewald*. Verlag M. Dumont-Schauberg, Köln 1969.

Schubert, Michael: *Der Isenheimer Altar. Geschichte – Deutung – Hintergründe*. Verlag Urachhaus, Stuttgart 2007.

Seidel, Max: *Der Isenheimer Altar. Mathis Gothart Nithart Grünewald*. Belser Verlag, Stuttgart 1973.

Spath, Emil: *Geheimnis der Liebe – Der Isenheimer Altar von Matthias Grünewald*. Ed. Münsterturm, Freiburg/Br. 1991.

Spath, Emil: *Isenheim: Der Kern des Altar-Retabels. Die Antoniter-Kirche*. Bd. I. Freiburg/Br. 1997.

Steiner, Rudolf: *Theosophie* (GA 9). 1. Aufl., Berlin 1904.

Steiner, Rudolf: *Das christliche Mysterium* (GA 97). Vorträge in München 11.12.1906, in Leipzig 15.2.1907 und in Wien 22.2.1907.

Steiner, Rudolf: *Wer sind die Rosenkreuzer* (GA 55). Vortrag Berlin 14.3.1907.

Steiner, Rudolf: *Das Lukas-Evangelium* (GA 114). Basel 15. – 26.9.1909.

Steiner, Rudolf: *Die Geheimwissenschaft im Umriss* (GA 13). 1. Aufl., Leipzig 1910.

Steiner, Rudolf: *Von Seelenrätseln, Anthropologie und Anthroposophie* (GA 21). 1. Aufl., Berlin 1917.

Steiner, Rudolf: *Die Kernpunkte der sozialen Frage* (GA 23). Der kommende Tag Verlag, Stuttgart 1920.

Steiner, Rudolf: *Vorstufen zum Mysterium von Golgatha* (GA 152). Vortrag in Basel 1.6.1914. Dornach 1964.

Teichmann, Frank: *Der Mensch und sein Tempel, Ägypten*. Verlag Urachhaus, Stuttgart 2003.

Teichmann, Frank: *Der Mensch und sein Tempel. Megalithkultur in Irland, England und der Bretagne. Die drei vorchristlichen Kulturarten in ihren Grundzügen*. Verlag Urachhaus, Stuttgart 1983.

Teichmann, Frank: *Die griechischen Mysterien*. Verlag Freies Geistesleben, Stuttgart 2007.

Testori, Giovanni und Bianconi, Piero: *Das Gesamtwerk von Grünewald*. Mailand, Luzern 1972.

Vogt, Adolf Max: *Grünewald*. Berlin 1957.

Vogt, Adolf Max: *Grünewald, Mathis Gothart Nithart. Meister gegenklassischer Malerei*. Artemis Verlag, Zürich, Stuttgart 1957.

Weixlgärtner, Arpad: *Grünewald*. Schroll Verlag, Wien, München 1962.

Welburn, Andrew: *Am Ursprung des Christentums. Essenisches Mysterium, gnostische Offenbarung und die christliche Vision*. Verlag Freies Geistesleben, Stuttgart 1992.

Wilson, Frank R.: *Die Hand – Geniestreich der Evolution. Ihr Einfluss auf Gehirn, Sprache und Kultur des Menschen*. Klett-Cotta Verlag, Stuttgart 2000.

Wöller, Wolfgang / Kruse, Johannes: *Tiefenpsychologisch fundierte Psychotherapie*. Schattauer Verlag, Stuttgart 2005.

Ziermann, Horst: *Matthias Grünewald*. Prestel Verlag, München 2001.

Zinn, Albert Alexander: *Meister Matthis genannt Grünewald*. Deutsche Buchgemeinschaft, Berlin 1937.

Zülch, Walter Karl: *Der historische Grünewald. Mathis Gothardt-Neithardt*. Bruckmann Verlag, München 1938.

Zülch, Walter Karl: *Grünewald*. Seemann Verlag, Leipzig 1954.

«Dies ist ein persönliches Buch; es ist meine Begegnung mit Michelangelo.»

Walther Streffer

«Es ist unbeschreiblich, was Walther Streffer in der stupenden Fülle seiner Darstellungen hier leistet. Er bahnt einen Anschauungsweg ins Innere der Bilder, der wie in Schichten verläuft und zugleich unablässige Vertiefung und Verzweigung der einzelnen Ebenen ermöglicht ... Man möchte auf der Stelle nach Rom fahren.»

Ute Hallaschka, Die Drei

Walther Streffer
Michelangelos offenbare Geheimnisse
Das Deckenfresko
der Sixtinischen Kapelle
*417 Seiten mit 140 farbigen Abbildungen und einer Panorama-Ansicht des Deckenfreskos auf der Umschlaginnenseite,
gebunden mit Schutzumschlag*
ISBN 978-3-7725-2500-1

Verlag Freies Geistesleben

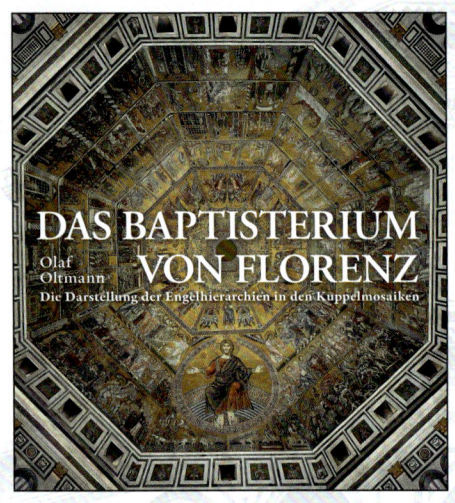

Olaf Oltmann
Das Baptisterium von Florenz
Die Darstellung der Engelhierarchien in den Kuppelmosaiken
269 Seiten, gebunden mit Schutzumschlag
ISBN 978-3-7725-2730-2

«... der Glanz und die Glorie von etwas Verlorenem, von dem man aber denken kann, es auf eine neue Weise wiederfinden zu können, das Erleben von Größe, Schönheit und Heiligkeit als noch immer erlebbarer Reflex dessen, was Engel sind.»

Olaf Oltmann

Über zwanzig Jahre lang hat Olaf Oltmann das Baptisterium in Florenz zu verschiedenen Zeiten und unter verschiedenen Lichtverhältnissen besucht, betrachtet und erlebt. Sein aus der Anschauung heraus entstandenes Buch über dieses architektonische und bilderreiche Gesamtkunstwerk folgt keinem Programm oder gedanklicher Gestaltung, sondern einem faszinierenden Weg, der sich dem Autor lebensgemäß ergeben hat.

Verlag Freies Geistesleben

«Hier in Florenz wurde die Neuzeit geboren ... Künstler waren es, die sich zuerst als autonome Persönlichkeiten empfanden, als ihrer selbst bewusste Individualitäten.»

Thomas Krämer

Am Beginn der neuzeitlichen Kunst stehen die epochemachenden Werke der «vier Brüder» der Renaissance: Brunelleschi, Donatello, Masaccio und Ghiberti. Thomas Krämer geht dem Bewusstseinswandel nach, der sich in den revolutionären Werken dieser Künstler ausspricht, und wirft neues Licht auf ein zentrales Kapitel der Kunstgeschichte.

Thomas Krämer
Florenz und die Geburt der Indivudualität
Ghiberti, Brunelleschi, Donatello, Masaccio
480 Seiten mit zahlreichen Abbildungen, gebunden mit Schutzumschlag
ISBN 978-3-7725-2622-0

Verlag Freies Geistesleben

Gregor der Große. Karolingisches Fresko in der Kirche St. Benedikt in Mals, Südtirol.

Die dreifache Inspiration: Lesen im Buch der Kunst

Mit Hella Krause-Zimmer ein Bild anschauen heißt immer auch neue Fragen und Zusammenhänge kennenlernen: Es ist eine Entdeckungsreise, die neugierig und gespannt macht, die Altes neu sehen lässt und zu Überraschungen führt.

«An Hella Krause-Zimmer musste man schon immer ihren stupenden Überblick über die abendländische Kunst bewundern.»
Michael Ladwein, Das Goetheanum

Verlag Freies Geistesleben

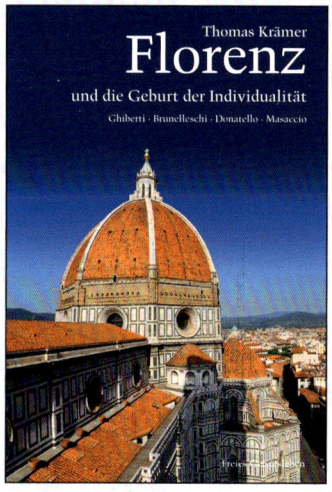

«Hier in Florenz wurde die Neuzeit geboren ... Künstler waren es, die sich zuerst als autonome Persönlichkeiten empfanden, als ihrer selbst bewusste Individualitäten.»

Thomas Krämer

Am Beginn der neuzeitlichen Kunst stehen die epochemachenden Werke der «vier Brüder» der Renaissance: Brunelleschi, Donatello, Masaccio und Ghiberti. Thomas Krämer geht dem Bewusstseinswandel nach, der sich in den revolutionären Werken dieser Künstler ausspricht, und wirft neues Licht auf ein zentrales Kapitel der Kunstgeschichte.

Thomas Krämer
Florenz und die Geburt der Indivudualität
Ghiberti, Brunelleschi, Donatello, Masaccio
480 Seiten mit zahlreichen Abbildungen, gebunden mit Schutzumschlag
ISBN 978-3-7725-2622-0

Verlag Freies Geistesleben

Gregor der Große. Karolingisches Fresko in der Kirche St. Benedikt in Mals, Südtirol.

Die dreifache Inspiration: Lesen im Buch der Kunst

Mit Hella Krause-Zimmer ein Bild anschauen heißt immer auch neue Fragen und Zusammenhänge kennenlernen: Es ist eine Entdeckungsreise, die neugierig und gespannt macht, die Altes neu sehen lässt und zu Überraschungen führt.

«An Hella Krause-Zimmer musste man schon immer ihren stupenden Überblick über die abendländische Kunst bewundern.»

Michael Ladwein, Das Goetheanum

Verlag Freies Geistesleben

Hella Krause-Zimmer
Offenbare Geheimnisse der christlichen Jahresfeste
560 Seiten, mit 160 Abbildungen,
ISBN 978-3-7725-1000-7

Hella Krause-Zimmer
Imagination und Offenbarung
422 Seiten, mit 110 Abbildungen,
ISBN 978-3-7725-2000-6

«Die den Festen zugrundeliegenden Ereignisse sind in ihrer geistigen und religiösen Substanz unerschöpflich, und wenn es auch scheint, dass die fromme Zeit, die sie einstmals einführte und wirklich feierte, hinter uns liegt, so liegt doch vor uns die Aufgabe einer neuen geistigen Annäherung, die über den Weg gesteigerter Erkenntnisbemühung zu neuen intensiven Erfahrungen führen kann.»

Hella Krause-Zimmer

«Die im zweiten Band, ‹Imagination und Offenbarung›, gesammelten Betrachtungen Hella Krause-Zimmers zur Malerei geben in jeder Wendung Anlass zu innerem Aufbruch … Aus profunder Geschichtserkenntnis zeichnet sie den historischen Hintergrund für die Maler und Gemälde, der Leser wird Zeitgenosse und entdeckt in sich plötzlich ein ganz neues Geschichtsbewusstsein.»

Cordelia Böttcher, Die Christengemeinschaft

Verlag Freies Geistesleben